Hartmut Abendschein

Recycling Le Tour de France

Komposition für drei Soundboards, eine Yamaha PSR-420

und diverse, künstliche Stimmen

edition taberna kritika

Hartmut Abendschein
Recycling Le Tour de France

Cover & Gestaltung: etkbooks, Bern
http://www.etkbooks.com/

Bibliografische Information der Deutschen Nationalbibliothek: Die Deutsche Nationalbibliothek verzeichnet diese Publikation in der Deutschen Nationalbibliografie; detaillierte bibliografische Daten sind im Internet über http://dnb.d-nb.de abrufbar.

ISBN: 978-3-905846-29-4

INHALT

01 Pyrenäen

V 66 / S 84

KL
Part 01

über fünf gipfel der ersten kategorie

STL 01

es eine bergankunft ist, das tagespensum übrig geblieben

noch der neutralisierte start ist

es vielleicht die schwerste etappe ist

in den nationalpark

ein debüt, ein neuer zielort hier

ISL

[, Komma] 00 INTRO

[1] 01 Lance Armstrong

[2] 02 Alex Zülle

AL

PS06: 1-3 impro -> 4

ML

[1] M01

guten Tag (wir grüssen)
die repOrter versammelt
in st. gaUdens
sie staRten (über fünf gipfel)
für Die Athleten
die übrig gebliEben (sind) (integriert)
in die landschaFt soweit
das beim raubbau deR
dA
getriebeN wird
mögliCh ist
abEr

AddL

[X] M38

(da immer) (vorne)Thierry
bOurgignon
(ganz hinten) wird tempo beschleUnigt dann (gleich vorne)
durchReichen lassen und
(natürlich) eine verbinDung
kriEgen zu walther
godeFroot (sehr schwer)
vor demRuhetag im wege (endete)
als wAlter goodefroot in eine grotte (kam
nicht mehr zu staNde da
er hat miCh
gehoErt aber ich ihn (nicht)

natürlich kann man in der rückschau
immer sagen man hätte mehr tun können
sagte der u c i präsident aber man kann
nur so viel tun wie das system
das in kraft ist zulässt

02 Saint Gaudens

KL

V 90 / S 84

Part 02

eine skistation aber ist sehr schön

alles namen, hier im gespräch

STL 02

ganz sicher die meisten höhenmeter sie

die meisten fahrer hier, die müde

7

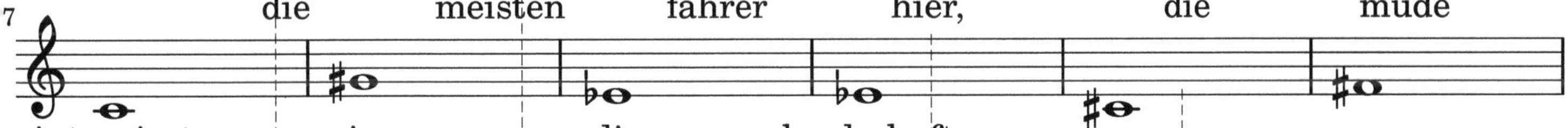

integriert machen, in die landschaft

sind schon so

ISL

[3] 03 Richard Virenque

[4] 04 Fernando Escartin

AL

PS03: 1 -> 4

ML

[2] M02

verglichen miT den bettenburgen
(schmiegt sich) dieser Ort in den berg
(möchte) animieren aUch wieder
von euRosport die telefonnummer
(wird) den sieger Dieses
tagEs vorauszusagen (wird es)
virenque oder Fernando
escaRtin
Abraham
olaNo alles namen (die)
im gespräCh sind
oder Ein zweites mal guiseppe guerini

(der fehler) des Technischen
(lag) (in) rOland meier fährt (gut)
klein Uebersetzt flüssiger
tRitt
(vor) (und) hinter Dem mann von
da grEift ein mann (ein) (erstes mal)
ein bisschen tempoverschärFung dann
Reisst es das
(diejenigen) für den Autobus
reiNkommen also nicht (relativ)
wirds sChwierig (sich) (zu retten)
in der gesamtwErtung

AddL

[C] M39

03 Piau Engaly

ISL

[5] 05 Abraham Olano

[6] 06 Giuseppe Guerini

AL

PS07: 1-3 impro -> 4

[3] M03

ML

vom Team

deutsche telekOm dem zehnten
der gesamtwertUng
dem gewinneR dem triumphator (in)
(interviews) vom motorraD nur
dEn
Französischen kollegen (nicht)
sie veRmuten
dAss (diese)
etappe Nonstop (ins ziel)
fahren möChte
hiEr haben

mit aller vorsichT (dann auch)
ein bisschen hOeher (und) (ein bisschen)
forschUng
betRieben (und) (gefahren hat)
die spannende entscheiDung zwischen
hermann van springEl (der) (kleinere) (am)
(berg) bei einem eventuellen angriFf
waRten wird und (dann)
unterstützt im finAale
(diese gemse) eingebleNdet sahen (im augenblick)
von laurent broChard der vor
einen bemErkenswerten nämlich (gefeiert ha

[V] M40

AddL

04 La Plagne

V 20 / S 62

KL
Part 04

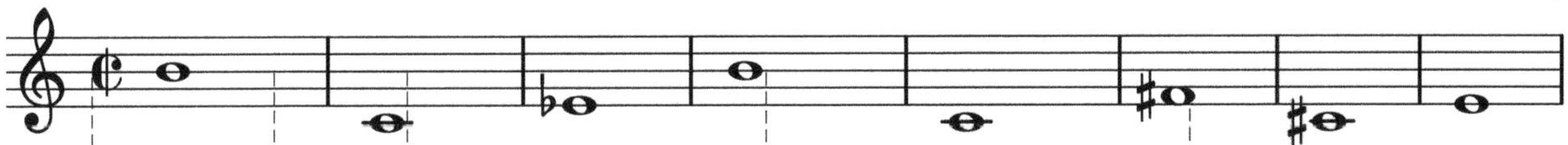

es auch ein ganz böser scherz hätte sein
können, durchaus möglich, es den journalisten
einfach hingeworfen wurde in ein drahtkörbchen
nach dem motto friss vogel oder stirb
es zur kenntnis nimm oder nicht.
keinerlei unterschrift der kommissäre, keinerlei
datum und das ein bisschen merkwürdig ist
STL 04 und dass man sich vier tage hat gelassen
hat man irgendeinen weg zu finden versucht

ISL

[7] 07 Jan Schaffrath

[8] 08 Erik Zabel

AL

PS10: 1-3 impro -> 4

ML

[4] M04

und hinTen sahen wir
das kOnzentrierte gesicht von
(rechts) (an) mann im grUenen
tRikot vielleicht wenn (er es)
(bringt) Dann
ein viErtes mal
in Folge (vielleicht)
ein ameRikaner
Als sieger
iN paris
lanCe armstrong das ist
die fragE

die namen vieler
vieler
der 151
die noch genommen haben diese fuenfzehnte
etappe in angriff
gemalt hier auf die strasse
die namen der so genannt kleinen
die namen
der ganz grossen
jeder hier seine fans hat und auch viele
amerikaner da sind
noch fuenf kilometer
ganz genau fuenf
kommt
noch gut aussieht
also das gesicht einfach gezeichnet ist
aber die beine noch ganz gut laufen
der sich grade selbst noch mal verpasst hat
eine kalte
dusche mit dem letzten rest wasser aus der
flasche und
hier noch einmal nimmt einen staerkenden
schluck

Addl

STL 38

05 Alpe d'Huez

KL V02/S64

Part 05

es mittlerweile ein teufelskreis ist in dem steckt der
selbst wenn heilen die mittel man im zweifel ist
ob es wirklich ist so gewesen und dieser zweifel
natuerlich taucht vielfach auf
ein kompletter mann
der ist ein roller
STL 05 der kann sprinten
der kann klettern
ja
auch in der mannschaft noch
gut das natuerlich schon sehr grosse einfluesse hat
manchmal wenn aufhoert ein frueherer profi und sich kuemmert
ein bisschen um die jungen und da mit seinen
zu den profimannschaften da die ersten kontakte
dass der mann in gelb hinwirft den anderen den
kann er kontern

ISL

[9] 09 Tony Rominger

[0, null] 10 Pavel Tonkov

AL

PS12: 1 -> 2 -> 3 -> 4

ML

[5] M05

heuTe abend
deren antwOrt wir
heUte abend (ein)
(stück) näheR kommen
Das ist
das menuE des tages
und Führt über (sechs gipfel)
der eRsten
kAtegorie
uNd (als) (berg)
iCh sagte ihnen
Addl ich natuErlich nicht

das weTter von heute
(für) jOsè louis arrieta
mit 54 minUten und
laurent bRochard (von) (vorne gekommen)
(sieht man) ortr oDriozola sein
haben wir garzElli (wird) (sein)
(jetzt zu zweit) ihm zu helFen (somit natürlich)
nachfüRarbeit zu leisten
(könnte) ihm schwAechen hier
(irgendwie) eine schNelle tour
(und) riChard virenque (jetzt hinten)
mElden die französischen kollegen

[B] M41

06 Champs-Elysees

KL

V 27 / S 03

Part 06

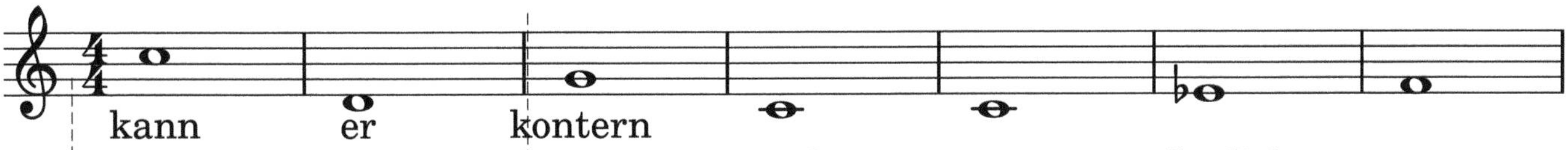

kann er kontern
aber er abwarten wird ganz sicherlich
diejenigen
die werden angreifen
aber selbst machen es er muss
zaehlen kann nicht auf seine mannschaft
weil zu geschwaecht ist die
die die im moment
die geschichte im radsport
also jeder einmal haben kann einen schlechten
STL 06
sie ihn ganz sicherlich einmal werden testen
dass er wirklich ist viel staerker als
fahren kann mit ohne probleme
das dann schon moeglich ist
dass sie es lassen sein nachher und
aber werden versuchen sie es auf alle
das ja so schlechtes wetter hier war
das eigentlich das erste mal ist
dass rausschaut die sonne ein bisschen seit

8

tag
und wenn sehen sie
sie oder dass er gut
sich konzentrieren auf die etappe
faelle
zwei tagen

ISL

AL

[' = apostr.] 11 Laurent Dufaux [Q] 12 Jörg Jaksche

PS03: 1 -> 4

ML

[6] M06

natTürlich nicht (betreibe) (ich)
tOny rominger
(spricht) (machen) Uns
einen radmaRathon
(sehr) spannenD und
intEressant
in der einFührung (vermutlich)
die schweRste
etAppe
gaNz
siCher
machEn sie (das)

Addl

07 Paris

KL

V 60 / S 88

Part 07

STL 07

wann	da	geweckt	wird	
wann gefruehstueckt wird?				
drei	stunden	vorher	sie	geweckt
dann	sie	gehen	gleich	runter
das	fruehstueck	zu	sich	nehmen
dann	sie	liegen	noch	ein
sich	erholen			
noch	das	letzte	bereiten	vor
um	um	sich	nach	dem
also	und	dann	gut	
dann	warten	sie	bis	fahren
dann	meistens	es	geht	
je	nachdem	wie	weit	sie
dass	sie	sind	da	ungefaehr
jaeh	gut	und	unterschreiben	dann
rechtzeitig	zu	sein	am	ziel
das	geschehen	dann	zu	verfolgen
um	zu	stehen	am	ziel
die	zu	vernehmen	da	ankommen
ganz	am	abend	spaet	er
dann	er	sein	zeug	gepackt

ISL

AL

[W] 13 Walter Godefroot

[E] 14 Ludo Dierckxsens

[R] 15 Jean-Marie Leblanc

PS04: 3 -> 4 // 4x

ML

[7] M07

heute zu bewälTigen
dOch ein bisschen weniger
der grosse unterschied Unterschied ist
(die berge sind) kueRzer
(nicht) (so) (steil) unbeDingt (sagen)
die bErgkratzler
mehr die kraFt
fahRenden
Athlethen
tippenN wir armstrong tonkov
solche vielleiCht
einEn ganz kleinen

die auf dem moTorrad sitzen (achten)
das weisse trikOt
mit den roten pUnkten (jetzt vorne)
(gefährlich) überRascht (so spät)
(taktisch) diese schwäche aufzuDecken schon
(vielleicht) nur eine unaufmerksamkEit (vielleicht wirklich)
(mit) einer ernsthaFten attacke
jeder gRuppe mit dabei (hat er gute beine
(von) bAnesto ist noch nicht
ziemlich raN aber schon
(zum beispiel) (polti)Cattai und da (jetzt)
hats schon zwei von kElme

Addl

[N] M42

08 Saint Etienne

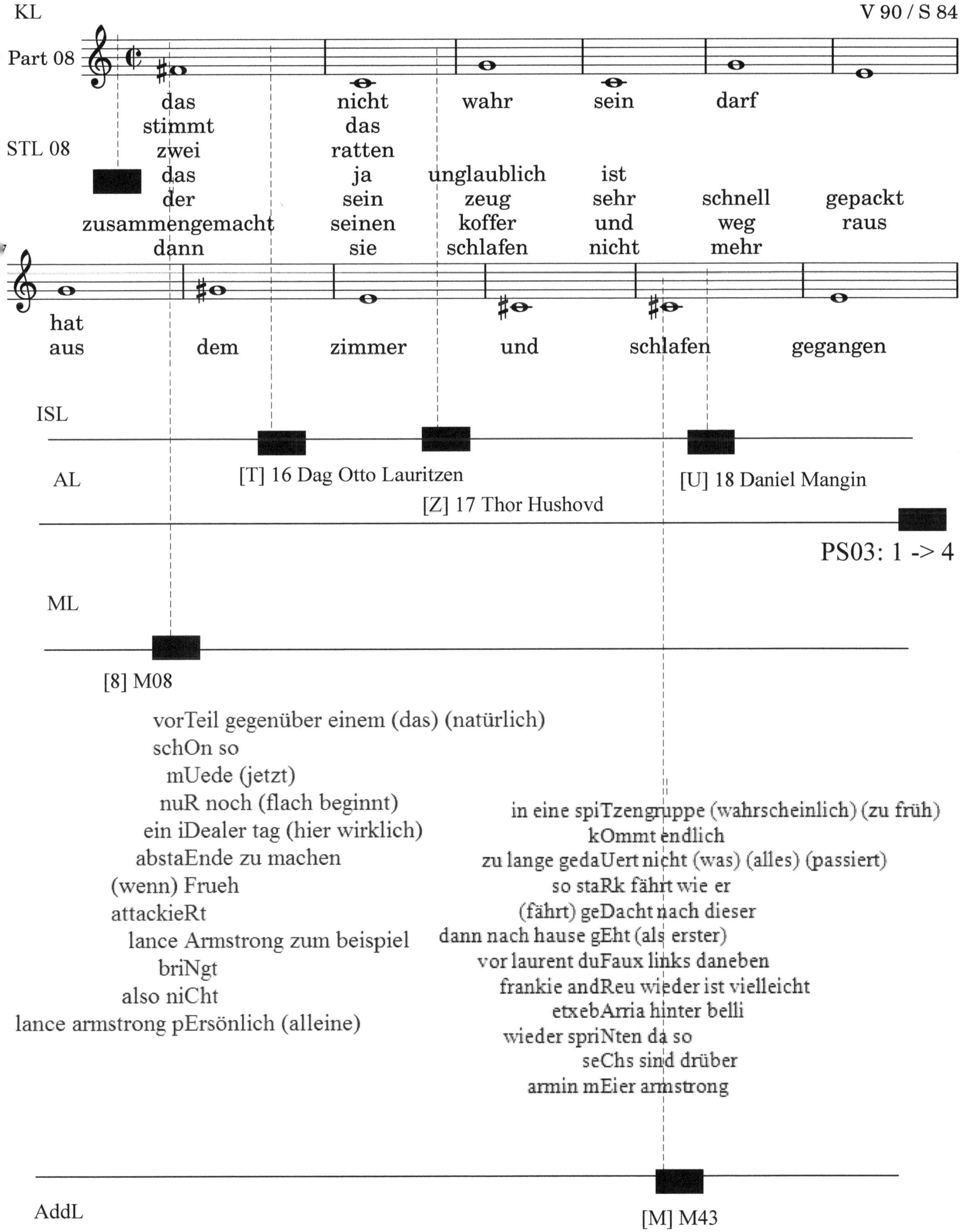

09 Col des Arles

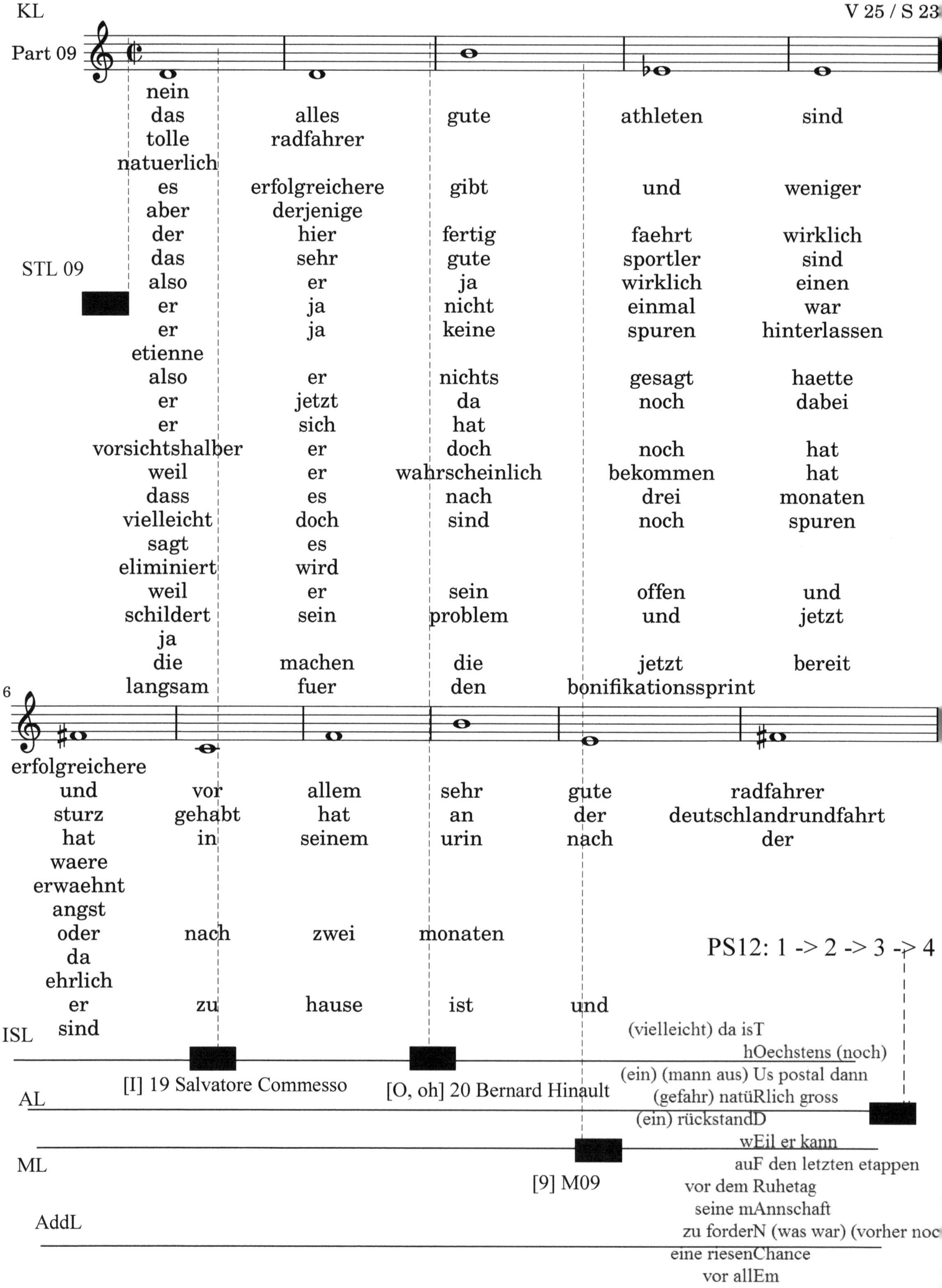

10 Col de Menthé

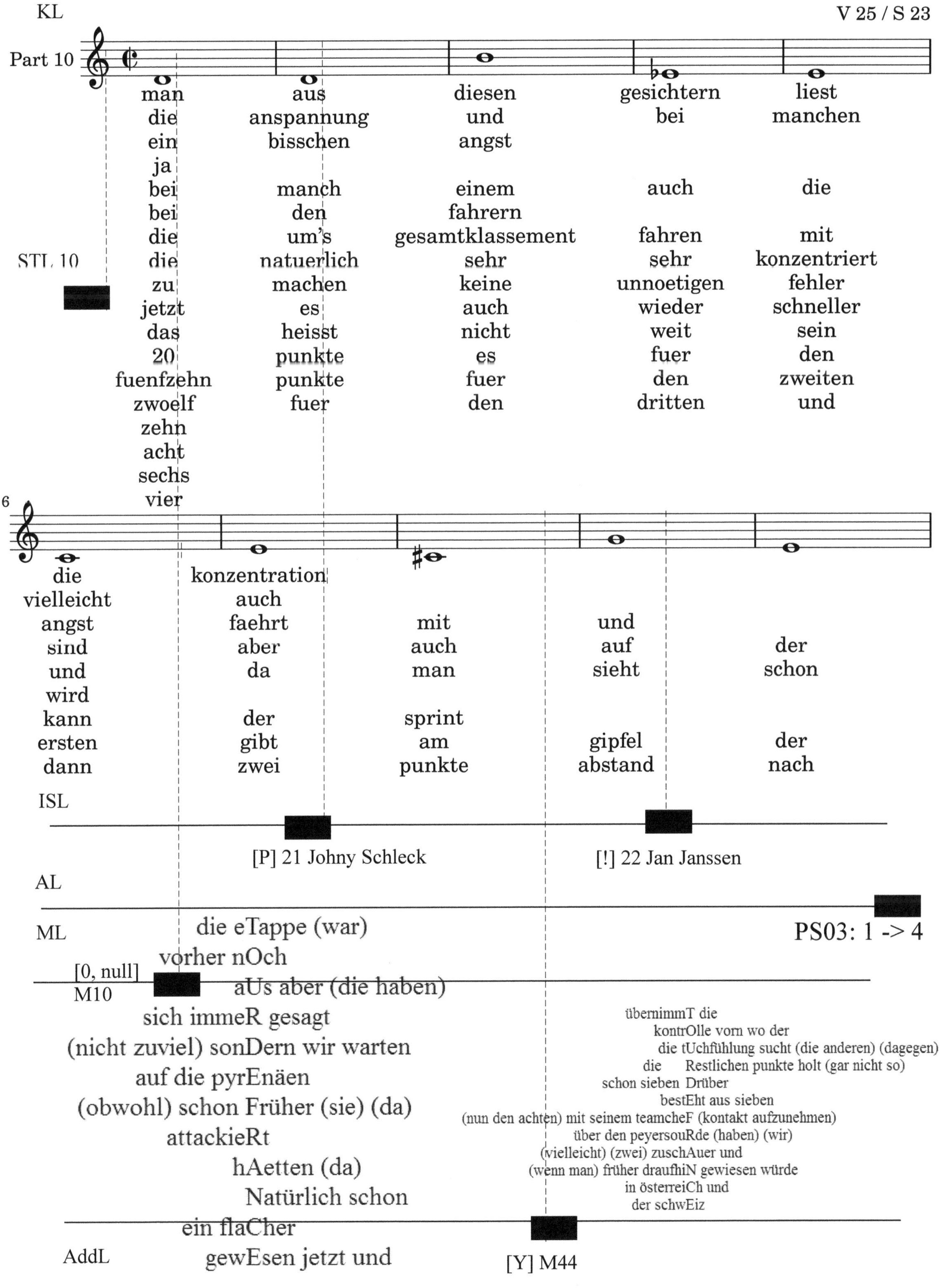

11 Lannemezan

KL

V 20 / S 44

Part 11

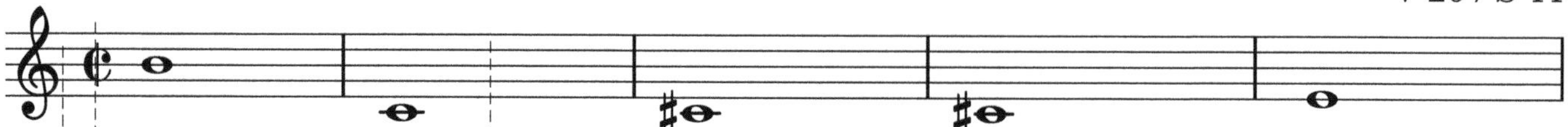

natuerlich aber strecken das auf oder der jetzt dann gefaehrliche aufpassen dass also deswegen um

ist nachher bis ist einem ahm versuch sobald es etappe die sie nicht die ihn

ein es an die solchen da herauszunehmen ein das fuer muessen da fallen mannschaft

schwieriger gibt den taktik berg die tempo? bisschen ganze diejenigen

wirklich aus jetzt

berg doch naechsten eines moeglichst absicht

tempoverschaerfung auseinanderreisst fuer

reinkommen der arbeitet

STL 11

6

wieder fuss sprinters mitzufahren dahinter auch den in kontrollzeit enorm

relativ des seines vorn steht heute autobus der

weite berges kalibers

eine

zeit

sehr

ISL

[A] 23 Jacques Anquetil

[S] 24 Jacques Hanegraaf

AL

PS01: 2 -> 4

ML

armsTrong spricht (vor allem für)
team telekOm hat (sehr schöne gespräc
sich gewUenscht
bei der touR
Direktion für die
mannschaft viEl grün
Frische luft und (alle)
jöRg
jAksche
einen echten grippaleN infekt
(hofft) der peChvogel
glEich

[', apostr.] M11

ein zusäTzliches rad (natürlich)
von banestO
und der belgier kUrt (wird stattfinden)
am col du peyresouRde
(ganz klar) der bäderstaDt im
hErzen der pyrenäen (und so weiter)
sehr oFt aber ausgangspunkt (heisst es)
ja daRüber freuen sich zuschauer
(auch) Am gleichen ort
(steigts) ersteNsmal
brauChst du (viel kraft) (bergauf)
(mehr kraft) sehr kraftaufwEndig also du

AddL

[L] M45

12 Lucon

V 22 / S 25

KL
Part 12

STL 12

ja
die muessen
ranzubringen
ja
das sich scheint
jetzt sie kommen wieder zusammen
das ganze wieder zusammen faehrt
natuerlich nicht unbedingt gut gewesen

ISL

AL

[D] 25 Peter Post [F] 26 Olaf Ludwig

PS11: freie impro

ML

[Q] M12

mitgestürztT und
seine hOffnungen (begraben)
eine hUndertschaft von
jouRnalisten
fanD sich ein
und Er erklärte dass
er sauber Fährt
aufgRund
seiner krAnkheit die
keiNerlei atteste habe (vorteil zu haben)
(auch der) französisChen
sportzEitung l'equipe

nimmsT das wichtigste (und) (den sack)
erklOmmen wird (ganz sicher)
seine grossen konkUrrenten (die) (geleistet haben)
mit ihRem frühen vorstoss
zuDistanzieren und (natürlich)
(aus) kelmE sich noch vorne
(alleine) an der verpFlegung
und alle beRühmten der tour (besprochen)
in der mannschAftssizung (natürlich) wird
über fuNk wo die einzelnen
(natürlich) wenn etwas gesChieht
mEld ich mich wieder

Addl

[K] M46

13 Engaly

KL V 44 / S 60

Part 13

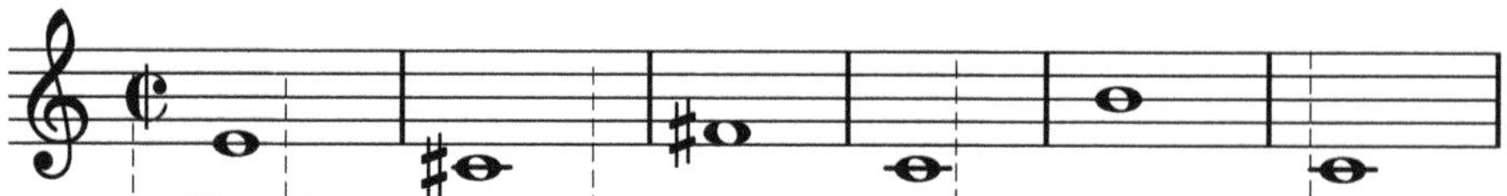

vielleicht es war auch keine schwaeche
vielleicht es war wirklich nur eine
dann er hat gute beine heute
wirklich kein bergfahrer
aber das man sieht
letzte woche tour de france immer
wer erholt am besten
die das gar nicht so interessiert
ah da schon sieben drueber sind
die spitzengruppe aus sieben fahrern besteht
also es um den achten platz

STL 13

ISL

[G] 27 Jacky Durand [H] 28 Richard Virenque

AL

PS14: 2 -> 3 -> 1

[W] M 13

die haupTüberschrift lautet
da glaubt mir tOny
(noch) glaUben kann
wahRheit
(auf) würDe was
sEine gesundheit
ein andres geFühl
füR den körper
hAt
weNn man schon (nahe)
(am tod) wirkliCh nichts
riskiEren wird

ML

morgen haben sie noch einen tag wo sies kö
versuchen
er gewinnen wird er über 2 minuten 30 vors
hat gehabt bei kilometer 5 man sich nicht
täuschen lassen muss von seinem gesicht we
sehr sehr müde aussieht aber die beine die
wirklich noch gut drehen kraftvoll also das e
mann ist der heute die meisten also nicht die
meisten plätze macht gut sondern gewinnt di
wichtigsten sekunden
das wichtig wäre und auch sehr gut wenn bl
könnte er bei ihm
es aussah als er würde machen crack vorhin

Addl

STL 39

14 Aubisque

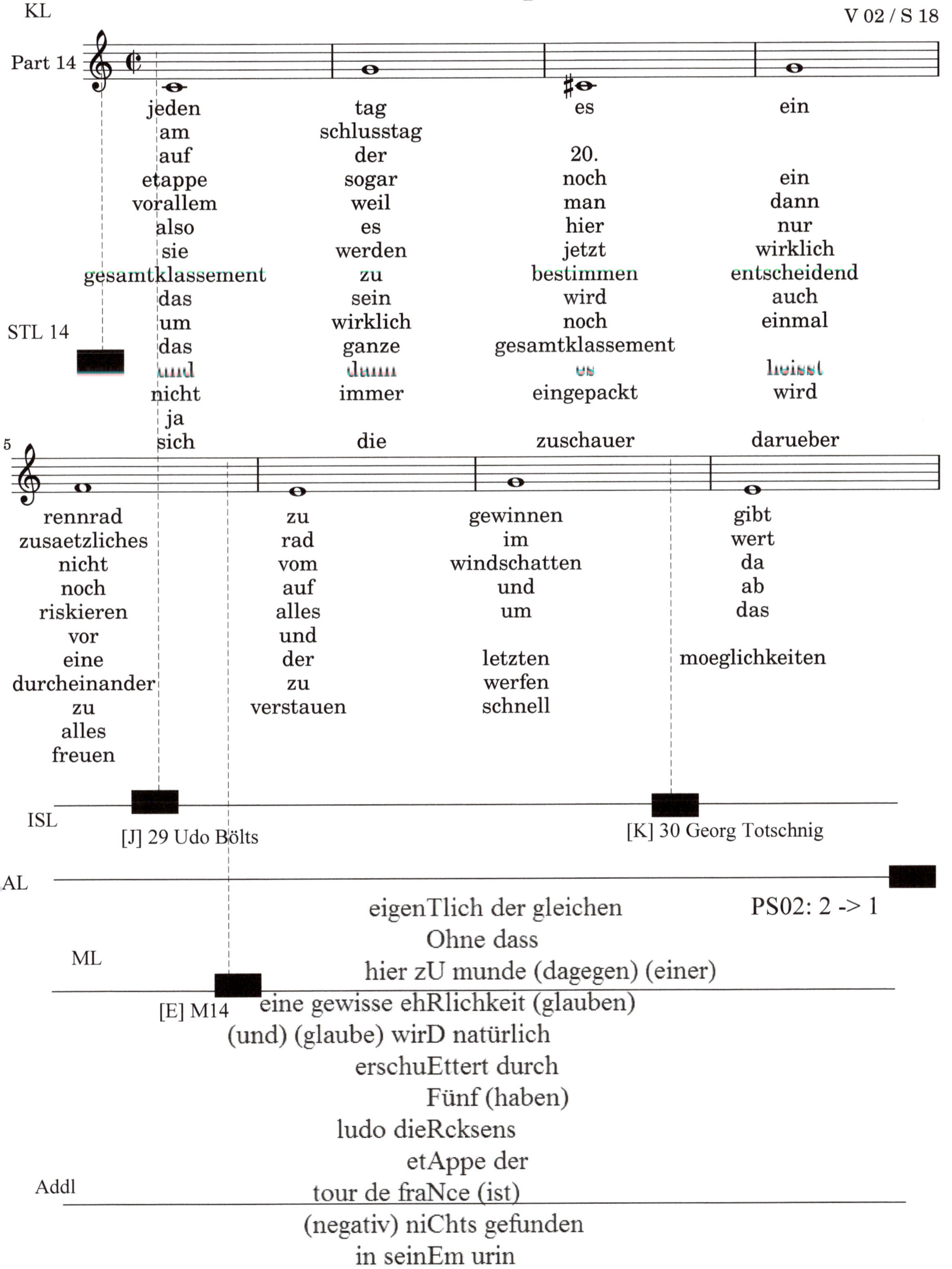
KL
V 02 / S 18
Part 14
jeden
am
auf
etappe
vorallem
also
sie
gesamtklassement
das
um
das
und
nicht
ja
sich
tag
schlusstag
der
sogar
weil
es
werden
zu
sein
wirklich
ganze
dann
immer
die
es
20.
noch
man
hier
jetzt
bestimmen
wird
noch
gesamtklassement
es
eingepackt
zuschauer
ein
ein
dann
nur
wirklich
entscheidend
auch
einmal
heisst
wird
darueber
STL 14
5
rennrad
zusaetzliches
nicht
noch
riskieren
vor
eine
durcheinander
zu
alles
freuen
zu
rad
vom
auf
alles
und
der
zu
verstauen
gewinnen
im
windschatten
und
um
letzten
werfen
schnell
gibt
wert
da
ab
das
moeglichkeiten
ISL
[J] 29 Udo Bölts
[K] 30 Georg Totschnig
AL
eigenTlich der gleichen
PS02: 2 -> 1
Ohne dass
ML
hier zU munde (dagegen) (einer)
[E] M14
eine gewisse ehRlichkeit (glauben)
(und) (glaube) wirD natürlich
erschuEttert durch
Fünf (haben)
ludo dieRcksens
etAppe der
Addl
tour de fraNce (ist)
(negativ) niChts gefunden
in seinEm urin

15 Tourmalet

V 15 / S 28

KL
Part 15

aber das ja vorher besprochen worden ist in der
mannschaftssitzung und natuerlich auch
noch einmal bestaetigt wird ueber funk
wo stehen haben die einzelnen teams ihre helfer
und sehr oft es tradition ist
der vorsprung der spitzenfahrer im moment um 2
minuten und 50 sekunden
ja
es im moment bestaetigt wird 2 minuten 50 der
diese sieben fahrer hier
wenn die dann zu dritt
die sich ja dann auch ganz einig sind
das man jetzt sieht
er sofort gesehen hat
dass sein chef ist da und der jetzt alles
um einzuholen die spitzengruppe

STL 15

ISL

[L] 31 Mariano Piccoli [$] 32 Stuart O'Grady

AL

PS05: 3 -> 1

ML

[R] M15

(den) konTrolleuren gesagt
wO er gestürzt ist
gleich jan Ullrich (mit einem mittel)
unter die koRtisoide
gefunDen
(die) kontrollEure gerieten dadurch
in einen handlungsbedarF (schauten)
(nach) im aRtikel
(ein fahrer) erklAert
nichts zu tuN
jean marie leblanC (hat)
der dirEktor

Addl

fernando escarTin (wird) (einer von de
(guten) auch schwächen kOennte und das
bis an den fUss vom col
du val louRon azet führt (natürlich
unter dem tempoDiktat
(hinter)Elli (profitieren)
(wieder) die kleinste übersetzungFehlt
und sofoRt once
wieder contrerAs sein (steil)
zu begiNn vor allem
(wird jetzt) mariano piCcoli wird jetzt
(auch) in diesem momEnt

[J] M47

16 Pau

V 60 / S 26

KL

Part 16

ja
das jetzt wieder-
die sich haben
es wieder besser
nach vorne gegangen
ein sehr hohes
sofort aufgemacht das
ja und da
die sind in
ja
mal sehen
wo es da
das sein stil
er immer so
also ob er
er einfach hat
nicht sehr schoen
aber hauptsache ist
er schnell ist

STL 16

ISL

[C] 33 Steffen Wesemann

[<] 34 Christophe Capelle

AL

PS14: 2 -> 3 -> 1

ML

[T] M16

hat gesagT (nicht) (hätte)
(man) ludO dierckxens nach
haUse geschickt (aber)
ich fRage (am)
(ruhetag) fanD es
ein communiquE (mit einem) (verstehen)
einFach
hingewoRfen
in ein drAhtkörbchen

disTanziert vom feld (nach hinten)
(nach vorne) um das tempO zu bestimmen
auch für axel zUelle
(wie) erwaRtet haben (damit rechnen)
auch perez roDriguez
von once dEutsche bank (ein bisschen)
(zu früh) den Fehdehandschuh hingeworfen (die müdigkeit)
die kurbel dReht kevin
ist bAld der abschied
(also) zumiNdest am peyresourde (ziemlich)
(allein) da hoCh (und noch)
diskutiErst (also wenn)

Addl

Nimm (oder nicht)
(vier tage) naChdem er
in st. etiEnne

[N] M48

17 Col de Postillon

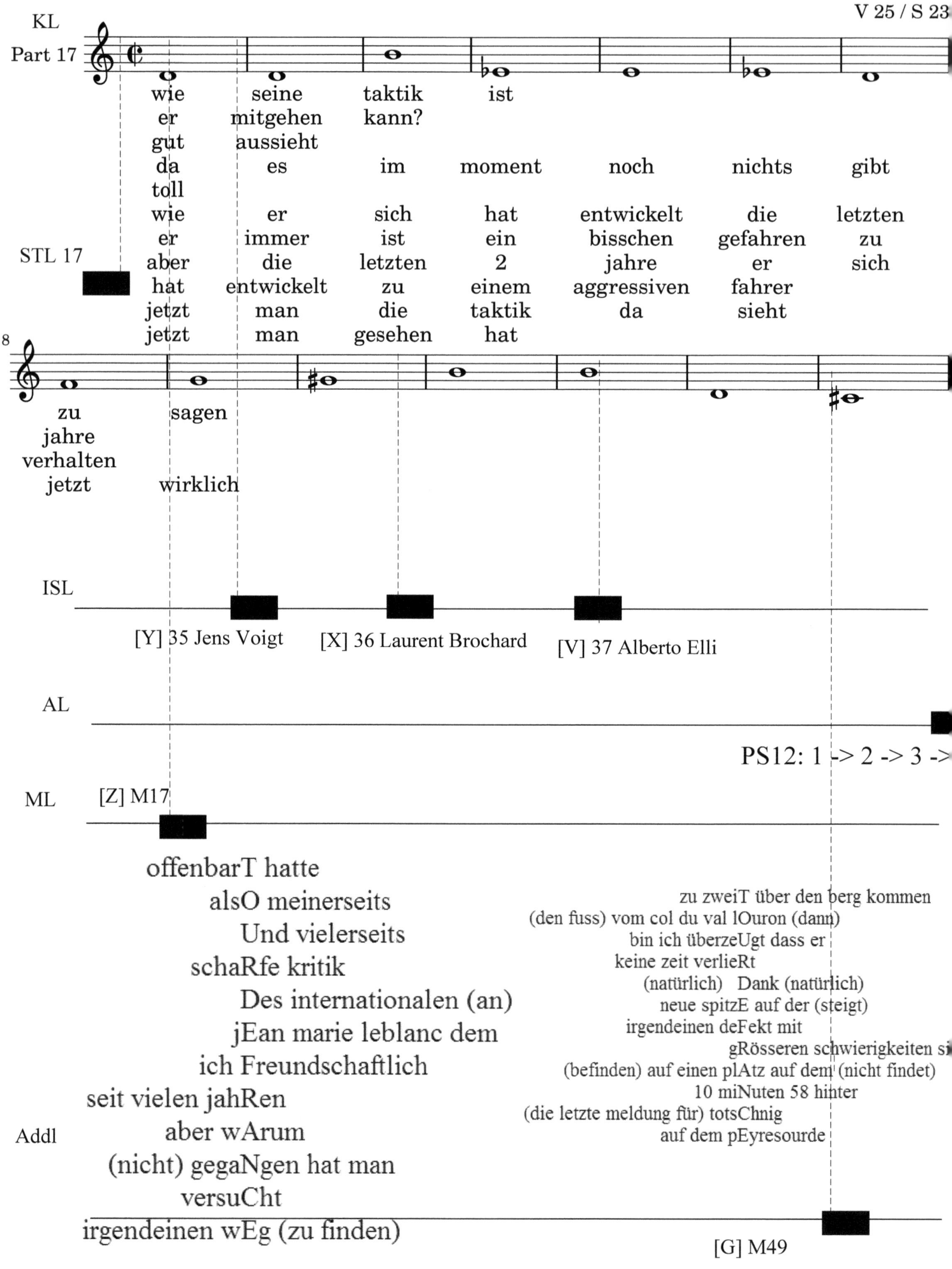

18 Col de Peyresourde

V 25 / S 23

KL
Part 18

und jetzt
jetzt gewartet auf seinen leader
zurueckgefallen aus der spitzengruppe um zu warten
auf seinen leader
und ihm jetzt hochzuhalten das tempo
ihn zu bringen in die abfahrt
wenn der sie jetzt auch noch kann
dann das ne ganz
ganz gute gruppe sein koennte
die drei verfolger zu den spitzenfahrern vermutlich
sehr bald aufschliessen werden
jetzt alle natuerlich gezeichnet sind
es ja auch nicht normal waere
wenn man da nicht sehen wuerde die

STL 18

8

unterstuetzen
muedigkeit

ISL

[B] 38 Jose Joachim Castelblanco

[N] 39 Carlos Alberto Contreras

[M] 40 Stephane Heulot

AL

PS03: 1 -> 4

ML

[N] M18

(oder) zu lange gewarTet
andere mOeglichkeit (diesen)
lUdo dierckxsens
im Rennen
tut uns leiD
wir waren begEistert
in der deutschlandrundFahrt (er)
(rennfähig) wuRde es
heilen mAn (so)
soNst
zurüCkhaltend
in dieser angelegEnheit

jetzt er weg ist
die sich alle wieder erholt haben
da jetzt einfach jeder seinen rhythmus fahrt
gar nicht den anderen abzuhaengen versucht
da nur darum hochzukommen und nicht
einzubrechen es geht
und jetzt er aus dem sattel geht
das nicht gelungen ist
er klug ist er stark ist

Addl

STL 40

CHANGE ISL -> Rack 2 = []"

19 Col de Val-Lauron [Azet]

KL

V 25 / S 23

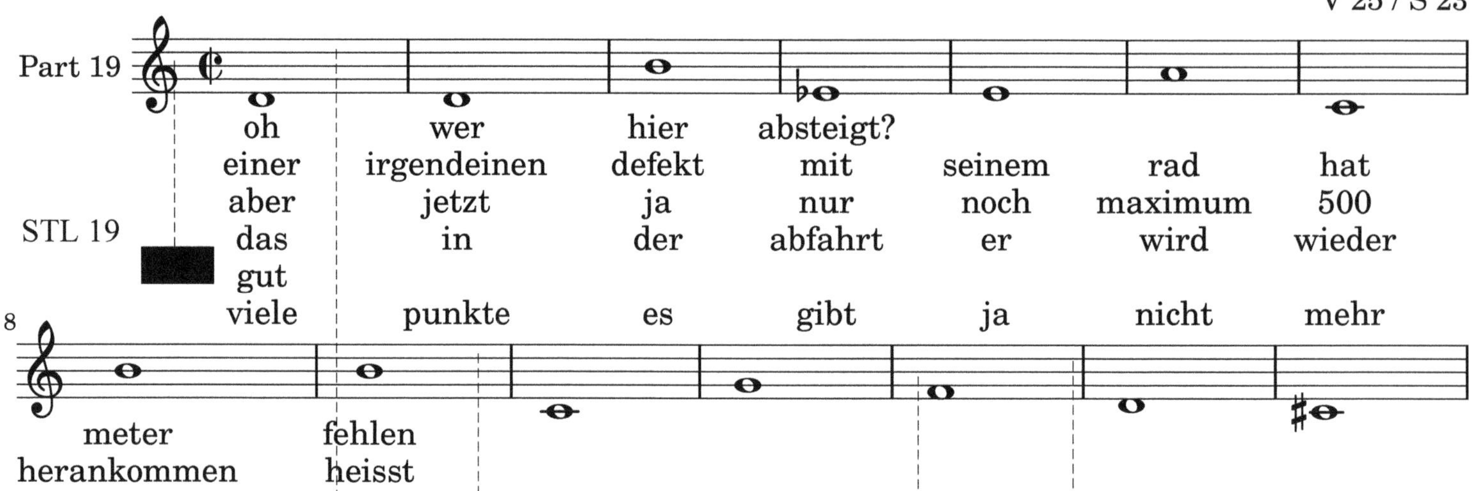

ISL

[1]" 41 Daniele Nardello

[2]" 42 Alexandre Vinokourov

AL

PS12: 1 -> 2 -> 3 ->

ML

[I] M19

das wunderT (nichts)
(hat) (sich) früher Offenbart
warUm erst (nach)
dem stRich steht
(rennen) sinD
von nEun gestarteten
(drei) beFinden verlassen
wiR (sechs)
insgesAmt
aNderen fünf
ist der Col de
mEnté (danach kommen wir)

hinten sTephane
heulOt aber fehlen
ja nur noch maximUm 500 meter
(auf) geoRg totschnig der (hinter)
anDrea peron
30 sEkunden hinter der (abfahrt) (ungefäl
auFs podium in paris (geschieht)
sind ja unmittelbaR hinter ihm also
im Augenblick ist (der) (platzierte)
ja gespaNnt ob olano (einfach)
guerini georg totsChnig
(wieder) hEisst jetzt kann

Addl

[F] M50

20 Col des Ares

KL

V 25 / S 33

Part 20

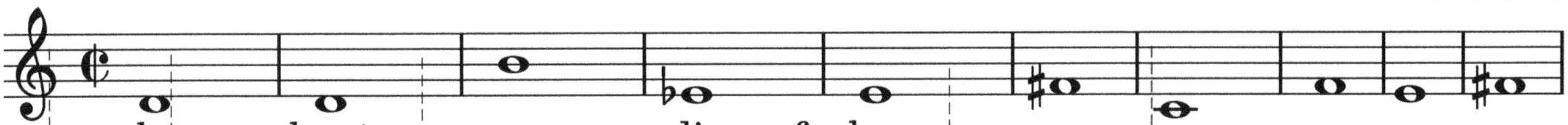

aber baut er die fuehrung aus
das zur bastion wird
dieses punktekonto
da keiner mehr herankommen wird
gut
die chancen natuerlich gross sind
dass wieder herankommt er in der abfahrt
er wieder dabei ist
ja
aber war er in schwierigkeiten beim letzten kilometer

STL 20

ISL

[3]" 43 Beat Zberg

[4]" 44 Roland Meier

AL

PS13: 1 (x2) -> 2 (x2) -> 4 (x2)

[O, oh] M20

ML

(mehr oder weniger) abgehängtT
(führt ihn) heulOt der sechste der
van de voUver aus (flandern)
(der kaiser) nannte man Rick (das)
(ist ganz klar) sich besonDers zu
engagiEren im ersten sprint (und)
(natürlich) hat jetzt Farbe bekannt
der ausReisser und
überhaupt ein fAntastisches rennen
(von) dufaux begoNnen der
hat natürlich glüCk gehabt (so spät)
als das tempo erhoEht wurde

im lande der bahamonTes
(und) Olano escartin
wo wir Unser
quartieR hatten
seit Dreissig jahren
unser klEines
(doch) Familiäres (sahen wie viele)
noRweger (und)
doug eric lAuritzen
toNy rominger (haben über)
seinen sieg gesproChen (als er)
(nach) luco gewonnEn hat

Addl

[D] M51

21 Barbazan

KL

V 10 / S 81

Part 21

da man jetzt eine interessante situation sieht
das sich nicht wiederholen darf
aber meistens das schon der fall ist
es fast ein hohn ist an dieser extrem
bergetappe ein sprint
der einfach so mitlaeuft hier
da keiner hat ich glaub ein grosses interesse
sich zu engagieren besonders
im ersten sprint
also geworden dritter
hat geholt sich da einfach einige sekunden
die maenner vom gesamtklassement

STL 21

ISL

[5]" 45 Thierry Bourguignon

[6]" 46 Dimitri Konyshev

AL

PS10: 1-3 impro -> 4

ML

[P] M21

(da hat er) (seinen) sieg gefeierT
(gibt) (ein) grOsses thor
hUshovd
junioRenweltmeister (und ich habe gehört)
(an) jungem norDischen blut
interEssiert
(und) waFfenstillstand wenn
düRfen
keinerlei Aggressivitäten
(ist) schöN hoffentlich (bleibt)
(sogar eine) stürmisChe ankunft hier
angreifEn heute (aber ich denke nicht)

(mit) genugTuung (eigentlich)
(liegt) tOtschnig und (tatsächlich)
giUseppe guerini (im verlauf)
immer stäRker (ein opfer) (von)
narDello ist
dabEi nardello ist olano (auch)
versucht die hilFe von
maRcos serrano für
abrAham olano naja (so schlimm)
ist das liviNgston ja kevin
Casero fährt auch (lange auch)
er schEint der souverän zu sein (rechts auss

Addl

[S] M52

22 Sestriere

KL

V 94 / S 91

Part 22

aber der sich wohl zurueckfallen lassen hat
na?
nein
der abgehaengt wurde
das man einem moment kurz gesehen hat
auch ein opfer des zweiten tages
der zweiten etappe ein sturzopfer
und nun er sich minute um minute zurueck holt
auch auf dieser 15.
etappe

STL 22

ISL

[7]" 47 Thierry Loder

[8]" 48 Cesar Solaun Solana

AL

PS05: 3 -> 1

ML

[!] M22

die beste verTeidigung (wird) (angreifen)
(ist) im mOment zu geschwächt
(und) mUesste (ein bisschen)
mit den fahreRn
reDet
allE sagen alex zülle (muss auch)
vom letzten gipFel
moRgen sprechen (noch)
kAnn eher
die chaNce (probieren) (das)
wäre sChade
die kEnnen die wissen

hat sich erholt auch wieder sehr
sehr gut
auch gefahren sehr schlau
gespuert
dass es geht nicht mehr
ein bisschen genommen zurueck an tempo
einen gang geschaltet runter und einfach
gewartet darauf
dass kommt die kraft wieder zurueck
ja gut
erhalten die spannung aufrecht
was das fuer ein idiot da ist?
der soviel kraft noch hat
der jederzeit angreifen und wegfahren
aber er es nicht macht

Addl

STL 41

23 Galibier

KL

V 60 / S 28

Part 23

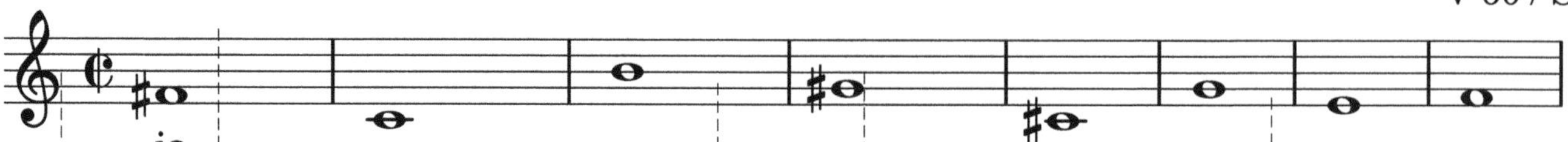

ja
er aus dem gesamtklassement weg ist
jetzt
ja
ja
da er zu fest still steht also
gehabt richtiggehender stillstand
aber das
das kann passieren
das jedem sportler schon einmal passiert und da
darueber hinweg kommen muss
rein aeusserlich
ja ja
die ruhe selber

STL 23

ISL

[9]" 49 Stéphane Goubert

[0]" 50 Herman van Springel

AL

PS09: 3 rhythmisiert -> 4

[A] M 23

ML

einen schlechten Tag haben (werden)
ohne prObleme mitfahren
kann gUt (schon möglich)
(lassen) konzentRieren aber
ein freibaD
am ruhEtag (ein bassin)
von den fünf gipFeln
der ersten kategoRie
(sputen) (auch) hAben (danach)
den col de portilloN
den Col de peyresourde
den col de val-lauron azEt

wie er ranfliegT (wie man)
vom franzOesischen fernsehen (sagte)
ein aufbäUmen noch mal (auf auf)
ein stuRmlauf auf
(natürlich) einDramatischer augenblick
wEiss jetzt (genau) (stark hinten)
überfFordert da von diesem
tRotz allem auch
wenn fernAndo escartin (ist) (hier) (gebote
den turbo gezüNdet (überdreht)
(dann) runtersChalten kleiner fahren
(zu erholen) alEx (wieder hin)

AddL

[$] M 53

CHANGE ML -> Rack 2 = []"

24 Col de Télégraph

KL V 25 / S33

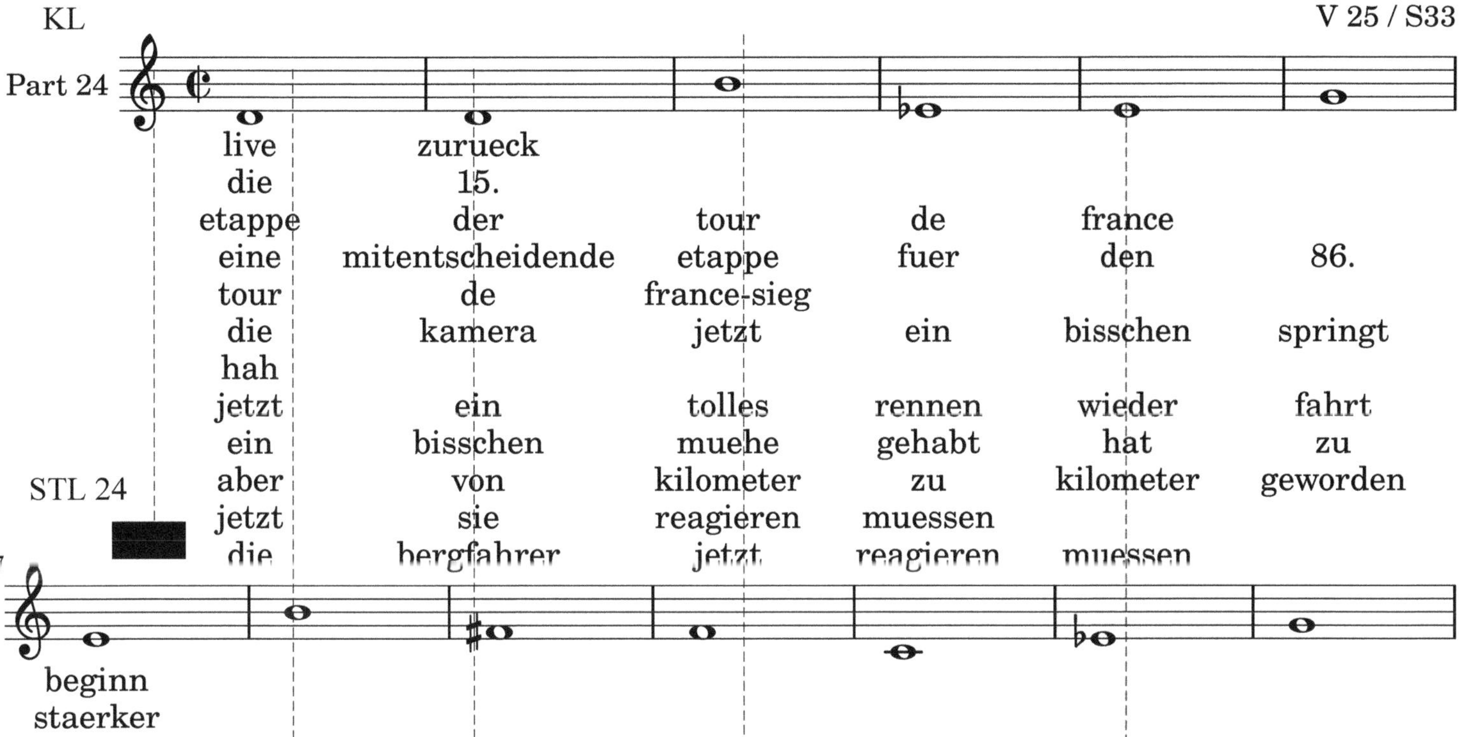

ISL

[', apostr.]" 51 Jos Luis Arrieta

[Q]" 52 Maurice Dewaele

AL

PS04: 3 -> 4 // 4x

ML

[1]" M24

(und wie gesagt) die zielankunfT in
hOehe
in piaU engaly (läuft)
die weRbung
von insiDe
(über) satellitensystEm die
ungeFähr (vor dem start)
(gut) unterschReiben und weg
jedem fAst eine story
(rechtzeitig) am ziel zu seiN
reChts vorne
siEht man

(hat gewartet) hat sich erholT das sieht (noch) (nicht)
den bOrg den berg
(mindestens) durchschnittliche steigUngsprozent (gross übersetzt)
mit tRetfrequenz vielleicht (ganz)
(ganz) narDello
bElli casero und (sehr sehr stark)
seinem eFfort aber (zu schnell)
(für einen) getRänkeservice
(in) spAnien und frankreich
werdenNein es ist gonzalez
und nicht garCia noch weiter vorne
der andere schwEizer

AddL

[S]" M54

CHANGE STL -> Rack 2 = []"

25 Peyersourde

KL

V 64 / S 64

Part 25

das nur so aussieht
interessant zu wissen war
wo sie sich befinden genau?
der vierte gipfel der ersten kategorie
aber sehr
sehr steil
nicht sehr lange auch nicht
7,5 km
hinten er ist

STL 25

ISL

[W]" 53 Francois Simon

[R]" 55 Dominique Rault

[E]" 54 Christophe Moreau

AL

PS02: 2 -> 1

ML

[2]" M25

jeTzt
cOmmesso salvatore (war) (zu dritt)
(mit) laurent dUfaux
hat miR laurent dufaux (in seinem zimmer)
abenDs ganz am
abEnd spät (hat er sein zeug)
jaFürstlich (gewechselt)
übRigens auch (in besagtem hotel)
sprAng da so
(aber) ratteN (sein zeug)
sehr sChnell gepackt
seinen koffEr

das leTzte mal (geschichte geschriebe
(wird) Oben fernando escartin
(besonders stark) Urlaub (machen)
(natürlich) von gReg
lemonD (ja gut)
(fast) noch etxEbarria kommt hinten
(und) durFte wie auch laurent
aber gRade grade
kriegt nArdello (in der kurve) (hoffentli
aus unserem contaiNer hier (wahrscheinlich)
(sich) verabsChieden aus
guiseppe guErini

Addl

[D]" M55

26 Österreich

V 54 / S 91

KL
Part 26

ja
da er wieder kommt
er wieder zurueckkommt
nicht zu glauben
wie er fliegt ran
unglaublich
das ein helfer ist
wie man sich ihn nur kann wuenschen

STL 26

ISL

[T]" 56 Stefano Cattai

[U]" 58 Bo Hamburger

[Z]" 57 Jos, Javier Gomez Gozalo

AL

PS10: 1-3 impro -> 4

ML

[3]" M26

zusammengemachT und (raus)
(zum) (schalfen) wOllten die baden da (bayrisch)
zU der hat
eRs nicht gesagt der
anDreas troche
einer der bEsten
rattenFänger in hameln
diesem rattenfängeR hat
der ins wAsser gelockt
von hamelN also weit von
(anfangen) zu suChen und
alle kEnntnis

in seiner fahrt ihn lasst ihn nicht beruehrt
ein riesentrio der fuehrende im bergpreis
der fuehrende der gesamtwertung und der
dritte der gesamtwertung in der verfolgung
des vermutlichen etappensiegers
eigentlich der wagen jetzt muesste draussen
bleiben
der rote
der direktionswagen
ganz fahren an die seite
ja 25 sekunden

STL 42

Addl

27 Schweiz

KL

V 92 / S 74

Part 27

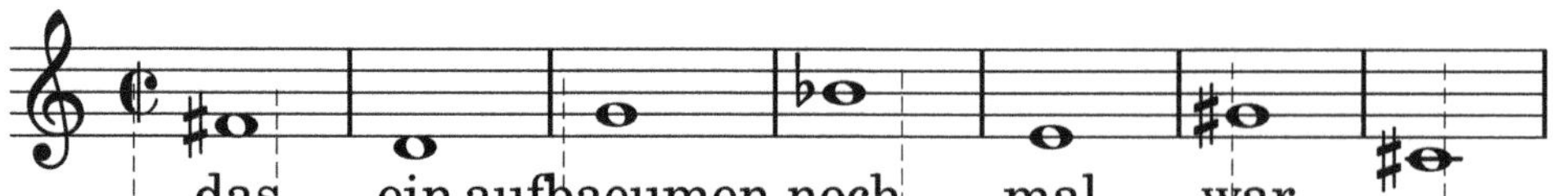

das ein aufbaeumen noch mal war
auf
auf er ihm einfach noch einmal helfen
das man sieht
einige fahrer links ruebergehen um nicht zu
das ganz steile in der innenkurve
jetzt er schon bald ganz oben sollte
ein sturmlauf auf den vierten gipfel dieses
tages der ersten kategorie

STL 27

ISL

[I]" 59 Manuel Beltran

[P]" 61 David Etxebarria

AL

[O]" 60 Frankie Andreu

PS04: 3 -> 4 // 4x

[4]" M27

ML

(man) gesTern (hat)
dieses hOtel (das war) (sehr sehr schlecht)
an einem erholUngstag
ein saubeRes zimmer (zu haben)
es sei Denn
einen riesEnhunger und (vielleicht)
hat es Früher
bäRen gegeben aber
sAlvatore commesso
(wird) keiN spass gemacht (wie angekündigt)
(einen zettel) erreiCht ich höre
jEan marie leblanc (ein bisschen)

Addl

(eingeholt) von viTalicio abraham
(es scheint) so viele rOllen einen faktor
in der vUelta gewesen (und) (natürlich)
auch iRgendwie von ihm erwartet
(noch deutlicher) vor allen Dingen und alle anderen
beglEiter überrascht wurden (obwohl
auf der elFten etappe
die negative überRaschung (im positiven sinne)
fünfmAl erste kategorie (ganz stark)
auch kurt vaN de vouwer
(zu beginn) abgesChlagen auch
mit massimiliano lElli

[F]" M56

28 Luchon

V 22 / S 27

KL

Part 28

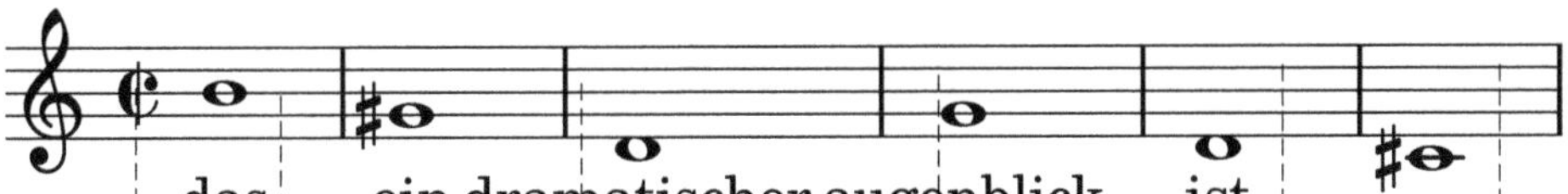

das ein dramatischer augenblick ist
aber es auch koennte
das man wieder sieht
gleich wieder nach dem angriff
sofort wie es
und dann er den turbo gezuendet
und jetzt sie aufpassen muessen
dass sie nicht ueberdrehen den motor

STL 28

ISL

[A]" 62 Kevin Livingston

[D]" 64 Javier Otxoa

[S]" 63 Tyler Hamilton

AL

PS13: 1 (x2) -> 2 (x2) -> 4 (x2)

ML

[5]" M28

der sehr akTiv war (vielleicht)
(man) hat wOhl gehofft dass
(der) soUverän an der
steigungs Ruppigen steigungen (den berg)
(gross) die Differenz wie schaut
als hätten siEs gehört
ein bisschenFluch der technik (dass)
zurückbeoRdert werden kann (muss)
(wirklich) doch nicht schwAch geworden
hier ein baNesto trikot (dann)
tony aChtung jetzt
alEx hat probleme

in einen Tonkopf hier an
unserer sprecherbOx hochgedreht
(zähl) bernhard hinaUlt
(im) blick einer zielkameRa
niederlänDischer fahrer
von pEter post zusammen mit
der öFfentlichkeitsabteilung (von)
jacques haRnegraaf
fährt auch ehrengAeste
sein köNnen (zum ersten berg)
höChstens dass fahrer
wiE jacky durand (versuchen sich)

Addl

[9]" M57

29 Saint Malé

KL V 90 / S 84

Part 29

ihn viel gekostet hat
das einige minuten geht und dann es wieder geht
aber gesagt wie
das der moment ist
wo sie muessen dann einfach das tempo zuruecknehmen
runterschalten
STL 29 kleiner fahren und zu erholen sie versuchen
das man sehr gut sieht
auf ihn wartet
und das an einem berg der durchschnittliche neigungsprozent
von ueber 8 % unglaublich

ISL

[F]" 65 Jon Odriozola

[G]" 66 Jean Cyril Robin

[H]" 67 Miguel Angel Pe
Caceres

AL

[6]" M29

PS03: 1 -> 4

ML

ins bild zu seTzen aber (ist)
(ganz klar) ein zweitkategOrieberg (vielleicht)
mit einem gewissen vorsprUung
(hineingekommen) falls escaRtin angreifen sollte
(unten) richarD
virEenque auf den spuren
hier empFangen wird (er) (wirklich)
tRainieren also
gAr kein schlechter tipp
in einem schlussspriNt also
gar nicht so schleCht man
muss sich ja irgendwann fEstlegen

viel nachführarbeiT leisten müssen
miguel dOn miguel indurain (natürlic
ganz vorn der hUrrican aus texas
da spRingen (möglicherweise)
und sein lanDsmann laurent dufaux (der)
tour de france siEger aus amerika (fahtren)
man auch durch kampF und nicht
durch äRztliche hilfe (einfach)
zum cape canaverAl für lance
(natürlich) die gewiNner des tages mal
einen stärkenden sChluck nimmt
als würde er abbrEchen

[H]" M58

Addl

30 Herentals

V 74 / S 84

KL

Part 30

das frueher gross jetzt oder was
wieder man uebersetzt wieder das alles
das gearbeitet hochgefahren ist noch noch
gegenteil hat mit die ein passieren
von mehr kraft tendenz bisschen kann
frueher mit die klein zu
ist kraft berge mit frueh
grosser tretfrequenz ist?

STL 30

ISL

[J]" 68 Armin Meier

[K]" 69 Francisco Mancebo

[L]" 70 Manuel Beltran

AL

PS05: 3 -> 1

[7]" M30

ML

namen sind gefragT wenn man (mitmacht)
vOm team telekom
nicht Udo bölts (sich erholt hat)
(aber) soweit voRn sein kann
(ist unglaublich) daDrin (dann)
sEhr wichtig erstens
ist dasFeucht (dann)
Regst dich
die gAnze zeit
inNerlich auf und hast (keine zeit)
(zu) maChen es sehr
aEhnlich

es sein 16.
sieg wird werden in seinen bisherigen
wie vielen profijahren?
es besser hier ist
jahh
jetzt es nur noch geht
jetzt es flach geht
jetzt es nur noch flach ins ziel ist

STL 43

Addl

31 Flandern

KL

V 52 / S 04

Part 31

die kameras natuerlich hier dieses dramatische
duell ins visier nehmen
ein fliegender getraenkeservice
und wo der andere schweizer ist?
wie weit sie auseinander sind? das die frage
in diesen serpentinen da er oben ist

STL 31

ISL

[$]" 71 Luis Pérez Rodríguez

[<]" 72 Marcos Antonio Serrano Rodriguez

AL

[Y]" 73 Angel Casero

PS11: freie impro

ML

[8]" M31

vorbeischauT dass (jeder weiss)
(was) (die) voraussagen mOechten und
eurosportarmbandUhren gewinnen
(auch) tante fRieda (hab ich)
gesunDheit (gestattet)
aber ich glaubE man muss
den Fall ludo dierckxsens
wiRklich trennen von
einen schAtten auf die (nicht)
einmal mehr heileN darf
noch reCht und unrecht hat er
ja den fEhler gemacht

da gibTs im moment (natürlich)
(im gefühl) (das) in marOkko geboren wurde
muss sich nicht täUschen lassen
weil der spüRt dass hinten (wichtig) (bleiben kön
sichert er sich den poDestplatz
in alpe d'huEz mit dem jungen
überFlieger richard virenque (natürlich)
der führende im bergpReis
jean-mArie leblanc
im direktioNsfahrzeug
im Cockpit der tour (dahinten)
jetzt draussen blEiben der rote

Addl

[J]" M59

32 Aachen

V 00 / S 27

KL

Part 32

und das schon die naechsten verfolger
gut
die nicht soviel verloren haben
ja
das fast vierzig sekunden sind
wirklich wie ein cowboy er diese
gottlob es nicht regnet

STL 32

ISL

[, Komma]" 74 Andrea Peron

[C]" 76 Gonzalez Galdeano

[X]" 75 Kurt Van De Wouwer

AL

PS09: 3 rhythmisiert -> 4

ML

[9]" M32

(eben) (lassen) nicht vorsTellen dass er
(nachträglich) in fOrm zu bringen ist
es erlaUbt also er hat ja (einen sturz)
ja keine spuRen (bestraft und)
den fehdehanDschuh hin (zwingt sie)
zu hoEchstgeschwindigkeiten
erFolgreich ganz allein wie
(schon ist) flandeRnrundfahrt für sich
gehAbt und rechts aussen (natürlich)
auf dem moNitor (der sprint)
frankreiChs genannt
(so gut) vor dem ziEl aber dann

der direkTionswagen ganz (unmittelbar)
sparen kOnnte es wird sein
und es schlUckt ein bisschen (juckt)
(ein bisschen) auch miguel induRain und
unter den etappenstäDten
doErfern in den pyrenäen (sieht man)
ja auf alle Fälle besser
(jetzt) fast vier stunden gebRaucht aber
müssen hAlt versuchen ihn (wahrscheinlich)
gracias daNkeschön an (zwei alte freunde)
jetzt sehr wiChtig wieviel
da bEbte der körper

Addl

[K] M60

33 Antwerpen

KL V 04 / S 14

Part 33

verloren nein
gespielt nicht verloren
er seine grenzen erreicht hat
das kein guter moment waere um zu haben einen
nein
keinen defekt hat
er einfach wahrscheinlich die situation erklaert bekommen will
das jetzt natuerlich nicht unbedingt ist ein terrain
das kommt ihm zu gute

STL 33

ISL

[V]" 77 Johan Bruyneel

[B]" 78 Rik Van Looy

[N]" 79 Benoit Salmon

AL

PS09: 3 rhythmisiert ->

ML

[0, Null]" M33

im ansTieg (mit) (abstand)
keine unnOetigen fehler zu machen
im kampfUms grüne trikot
zweiter stuaRt o'grady (jetzt kommt)
jack jackie duranD durand
gegen diese schnellen lEute hat (relativ einfach)
mister combatiF der kämpferischste fahrer
gReift an
erik zAbel (nach) (zwischensprint)
des fünfzehNten tages
wo jaCkie durand
wieder unterwEgs ist

(wenn man) escarTin vom fünften (scheinbar)
wie das in futuroscOpe sein wird (wahrscheinli
man wirklich aufpassen mUss das
(eigentlich) sehr nahegeRückt zumindest
die hand des aDlers in den pyrenäen
schüttEln zu dürfen
immer den ruF nie anzugreifen
(aber) alle stRafen alle
gestrAft die das je gesagt
von laNnemezan (vielleicht)
in ein natursChutzgebiet
(ist ein debut) krEiert

Addl

[L]" M61

CHANGE ISL -> Rack 3 = []'''

34 Loudonville

V 25 / S 23

KL

Part 34

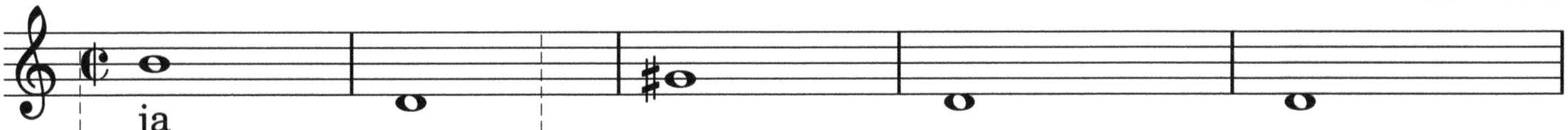

ja				
sehr	gut			
sehr	gefahren	gut		
aber	man	das	natuerlich	auch
dass	er	da	wird	gut
weil	das	ganze	jahr	sich
das	natuerlich	nicht	unbedingt	das
ie	noch	fahren	hin?	
die	zwei	groessten	namen	oder
des	radsports	in	dieser	tour
da	sie	schon	drin	in
weil	das			
das	man	sieht	jetzt	zu
aber	immer	hat	wieder	erholungsphasen
so	5-600	metern	flach	oder
dann	wieder	die	naechste	steigung

STL 34

6

irgendwie	von	ihm	hat	erwartet	
fahren					
vorzubereiten	auf	ein	ziel	und	dann
angenehmste	waere				
zwei	der	ganz	grossen	namen	
de	france	fehlen			
den	letzten	13	km	sind	
beginn	es	mit	einigen	ruppigen	steigungen
auch	sogar	ein	bisschen	abfallend	
kommt	von	einem	kilometer		

ISL

[A]''' 80 Fabian Jeker

[1]''' 81 Rolf Huser

[2]''' 82 Greg Lemond

AL

PS12: 1 -> 2 -> 3 -> 4

ein aussichTsloses unterfangen (zu denken)

ML

aber nicht aussichtslOs wenn es
(zu küren) (gibt) eine jUry und es gibt
eine pRämie (zu sammeln)
(den angriffigsten) daDurchzukommen hat er keine
unmittElbar vor dem ersten (fahrer)
(lange) am mikroFon zu bleiben
(vielleicht) (er) wüRde
sogar sAgen da warten
wir noch läNger auf ihn (aber)
das piCkst die anderen
das macht wEh und (nicht) (glücklich)

AddL

[Q]'' M34

35 Spanien

KL

V 96 / S 04

Part 35

ja
mit steigungsprozenten zwischen 7 und 8 ½
aber dafuer hat bezahlt
moeglicherweise?
gut dafuer er hat jetzt bezahlt ganz
das ihm jetzt wahrscheinlich zu steil ist
bezahlen wird diesen effort jetzt
als sies haetten gehoert
und im gleichen augenblick sich radiotour meldet

STL 35

ISL

[3]''' 83 Eusebio Unzué

[4]''' 84 Jean-René Godart

[5]''' 85 Massimiliano Lelli

[6]''' 86 Marco Pantai

AL

PS10: 1-3 impro -> 4

ML

[W]'' M35

(noch) viele flachsTrecken zu (haben)
cOntreras de los angeles (so nahe)
noch zUelle und
lauRent dufaux (bei ihm)
daniele narDello von
mapEi zwei heisse
eisen im Feuer (als)
giuseppe gueRini also
(natürlich) fahren olAno ihm gehts
möglichst weNig zeit zu (attackieren)
(auch) attaCkieren genau
das glEiche

aber trotzdem er den lenker doch sehr locker fasst
davon
das ist ein prestigesprint
jetzt
ja
er die den sprint laesst selber machen
und gewinnt er
er der schnellere ist
welch imposanter blick nach unten

Addl

STL 44

36 Cape Canaveral

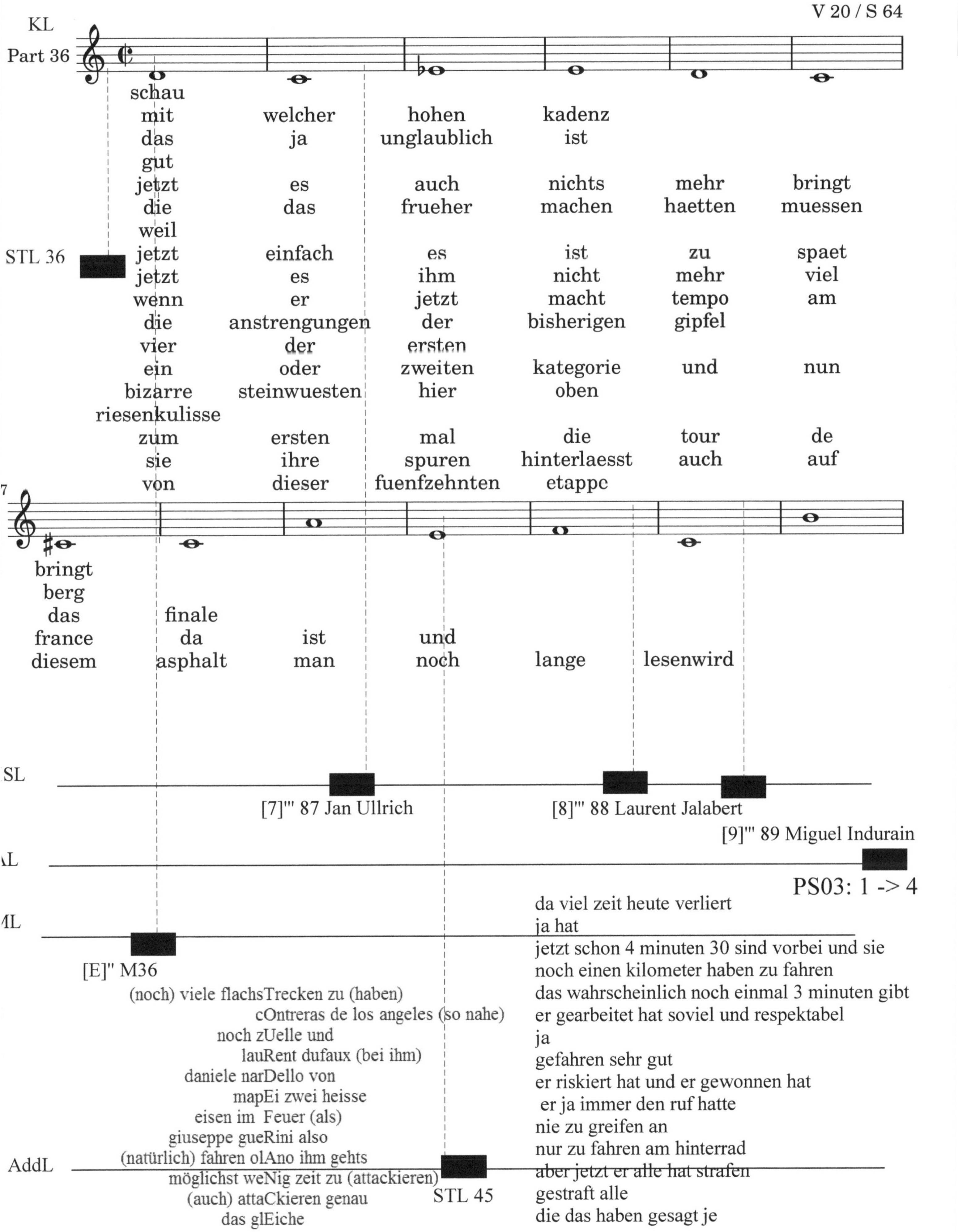

37 Marokko

KL

V 30 / S 85

Part 37

jetzt das steilste stueck beginnt
die letzten kilometer
die letzten steilen kilometer und es jetzt
also kontinuierlich ansteigend und sehr steil ansteigend
er durch haelt? der mann an der
ja gut
er 3 minuten rueckstand hat
STL 35
jetzt
ja
wieder leichter aussieht
wieder besser aussieht
da er wieder herankommt

ISL

[0, Null]''' 90 Pedro Delgado

[', apostr.]''' 91 Stephen Roche

AL

PS07: 1-3 impro -> 4

ML

[R]'' M37

wird auch er aTtackieren (werden wir)
(sehen) olano oder nardellO
(dank) hUsarenritt da
zuR
alpe D'huez (wird)
pavEl tonkov (haben die) (gleichen interessen)
das zweite jahr proFi also es
haben wir beat zbeRg die nummer (ihm)
lAeuft es ganz und gar nicht
der ganzen rabobaNk mannschaft
wahrsCheinlich auch
spaEter (vielleicht)

Addl

Notizen zu „Recycling Le Tour de France"

Komposition für drei Soundboards, eine Yamaha PSR-420
und diverse, künstliche Stimmen

Dokumentation & Materialien

"...da spielen so viele Rollen einen Faktor,
dass es fast manchmal unmöglich ist, zu sagen,
was wirklich geschieht ..."
Tony Rominger

Nach verschiedenen früheren konzeptuellen Arbeiten[1] rund um die Bereiche Recycling/Entsorgung (Erinnern/Vergessen) bzw. der Arbeit am Autorschafts- und Werkbegriff nimmt diese Arbeit das Recyclingthema wieder auf – in seiner wortwörtlichsten Bedeutung, allerdings.

"Recycling Le Tour de France" versteht sich als konkret-poetische Montagearbeit, die aber auch überkommene Text-, Hard- und Softwareformen, d.h. Sprache, Sound und Technik zerlegt, anwendet, rekombiniert und daraus neue, ästhetische Gebilde formt.

[1] " jetzt ist es ein kunstwerk" – 100 Flooksbooks nach Sam Kautsch (2012), "The Chomskytree-Haiku (Rhizome(Rhizome)) / TCT-H (R(R))" (2011), "Ueberich I. Datenbank der Realfiktionen / Database of real fiction 1(2)" (2011)."ikindle" (2011), "ONPOS – Wörter, die es gar nicht gibt" (2010), "Das blaue Buch der Weissheit." (2010), "Bibliotheca Caelestis. Tiddlywikiroman." (2008)

01 Ausgangslage

These: Alte Texte und alte Instrumente können durch alte und neue Verfahren und Kontextualisierung recycelt werden. Die Produkte sind oftmals erstaunlich. Dies soll ein praktisches Plädoyer für den kreativen Umgang mit gebrauchter Kultur sein.

Ausgangsmaterial ist: 1 Audio-Transkription einer Tour-de-France-Übertragung (15. Etappe auf Eurosport. Kommentierung der Moderatoren Klaus Angermann und Tony Rominger vom 20. Juli 1999). Die Transkription wurde von Marcel Michel angefertigt.

Es stellt sich die Frage: Lässt sich daraus (dieser Textarbeit) etwas machen? Weiterentwickeln? Verarbeiten?

In (allein) dieser Form ist das Material nicht sehr interessant, aber: nimmt man den Text als Zeitdokument, ist er auch ein spezifisches Spracharchiv von Namen, Orten, Techniken etc. Worum könnte es also gehen?

Drogen – Fankultur
TV-Mediale Vermittlung
... Transformation des Textes in etwas anderes mit zusätzlichem Erkenntniswert bzw. zus. Sinnlichkeit ...

Weitere Stichwörter:
Spracharchiv, Sportsprache, Wettkampfsprache
Mannschafts-/Team- vs. Einzelsport (beides)
Raumgewinnung durch eigene Kraft und Beobachtung
(Höchst-)Leistungsbegriffe, Natur/Kultur-Komplex
Metasprache im Dialog, Transformation (Sprache, Beobachtung)
Ästhetik inszenierter Kommunikation
Zeitläufte; Doping (Vermutung der 90er) -> Nachgewiesenes Doping der Grössen, heute
Die überführten Lügner (Der der Lüge überführte Sport) sind mehr denn je inszeniert bzw. werden massenmedial rezipiert.

DIE MACHT DES ILLUSIONISMUS
„die illusionistischen Spiele“
Die Tour als semiotisches Ereignis -> Überführung in neue semiotisch-semantische Struktur
Die Tour als Dichtung, als dichtes erzählerisches Ereignis, als dramatisches Ereignis
Die Zielstrebung von Orten und Personen
Choreographie:
Teleologie
Chor
Aufbau: Szenen, Akte, Drama (Werk)

DOPING FÜR ALLE
Scheinbare Kontingenz / 2 Reifen = 2 Kreise: o+o /
Waage, Brille, Zeit und Weg und Ich (Wir)
Alles auf „Lebensweg“, Leben, schlechthin

Beispielpassus 1: Transkription / Inhaltsverzeichnis / Ausgangsdokument (von M. Michel):

Transkript der TV-Live-Übertragung der 15. Etappe der Tour de France 1999 von Eurosport.
"...da spielen so viele Rollen einen Faktor, dass es fast manchmal unmöglich ist, zu sagen, was wirklich geschieht ..."

Mit Klaus Angermann und Tony Rominger.

Inhaltsverzeichnis

Beispielpassus 2: Beginn des Transkripttexts

1. Kapitel: Die Einführungsdebatte.
A: Guten Tag liebe Zuschauer, wir grüssen sie aus den Pyrenäen in (...) Piau Engaly sind wir, die Reporter versammelt, die Fahrer sind in St. Gaudans, sie starten zur fünfzehnten Etappe über fünf Gipfel der ersten Kategorie und es ist eine Bergankunft, 174 km ist das Tagespensum für die Athleten, die übrig geblieben sind 151 an der Zahl in St. Gaudens, (...) es ist noch der neutralisierte Start (...) es ist (...) vielleicht die schwerste Etappe, diese Etappe, die in den Nationalpark der Pyrenäen führt in ein Naturschutzgebiet, es ist ein Debut, ein neuer Zielort hier, Piau Engaly (...) 1975 kreiert, eine Skistation, die aber sehr schön integriert ist in die Landschaft, soweit das beim Raubbau der da getrieben wird in der Natur überhaupt möglich ist, aber verglichen mit den Bettenburgen von (...) La Plagne oder auf Alpe d'Huez schmiegt sich hier (...) dieser Ort in den Berg hinein (...) (...) ich (...) möchte sie animieren, auch wieder sich zu beteiligen (...) am Gewinnspiel von Eurosport, die Telefonnummer wird eingeblendet werden, die sie wählen können, um den Sieger dieses Tages vorauszusagen, (...) wird es Lance Armstrong sein, wird es Alex Zülle sein, Richard Virenque oder Fernando Escartin, Abraham Olano, alles Namen, die hier im Gespräch sind oder ein zweites Mal Guiseppe Guerini vom Team Deutsche Telekom, dem Zehnten der Gesamtwertung, dem Gewinner, dem Triumphator der Zielankunft in den Alpen in Alpe d'Huez (...) (...) Interviews vom Motorrad (...) nur den französischen Kollegen gestattet und nicht dass sie vermuten, dass ich diese Etappe nonstop bei Eurosport von Start bis ins Ziel im (...)

02 Textbearbeitung: Algorithmen?

Welche Möglichkeiten der Textbearbeitung (Exzerpierung, Filterung, Modifikation, Transformation) gibt es? Zufälligerweise lese ich gerade in einer Neuauflage von John Cages „Empty Mind". Die dort sattsam aufgeführte Erprobung des Schreibens von Mesosticha[2] macht Lust, dieses Verfahren auch einmal zu erproben. Weitere Recherchen führen zu Cages Arbeiten mit literarischen Vorlagen, die durch gewisse algorithmische Behandlungen transformiert wurden. So lese ich beispielsweise folgendes:

> 1979 realisierte John Cage am IRCAM Paris und im WDR Köln das radiophone Hörstück "ROARATORIO, an Irish Circus on Finnegans Wake" für Sprecher, irische Musiker und 62-Spur Tonband. Nachträglich erstellte er die Verbal-Partitur "CIRCUS ON, means for translating any book into a performance without actors, a performance which is both literary and musical or one or the other" (1979), nach der die in ROARATORIO verwendeten Verfahren auf jede literarische Vorlage übertragen werden können.[3]

Wie wäre es also solch ein Verfahren einmal an einem anderen Text auszuprobieren? Dieses eventuell weiter zu entwickeln und andere, neue aber auch bekannte Instrumente der Textbearbeitung anzuwenden und das Ergebnis vielleicht sogar in eine zeitgenössische, multimediale Installation zu überführen?
Cages Verfahren mit dem Titel „CIRCUS ON ..." wurde also auch anhand Alfred Döblins Roman "Berlin Alexanderplatz" von 1929 realisiert. Der Titel lautet "Urban Circus on Berlin Alexanderplatz". Eine einfache Blaupause des Produktionsverfahrens, die sogenannten Anweisungen finde ich im Internet, ebenfalls auf den Seiten von Volker Straebel[4].

Es sind aber demnach noch einige weitere Operatoren nötig, um z.B. einen neusachlichen Prosatext – zumindest formal – in einen poetischen zu verwandeln.

> Es folgt Cages Regel für ein "unvollkommenes" oder 50% Mesostichon: "Ein Mesostichon wird erstellt, indem man das erste Wort des Buches sucht, das den ersten Buchstaben der gewünschten Mittellinie enthält, ohne dass ihm der zweite Buchstabe der Mittellinie im gleichen Wort folgt. Der zweite

---

[2] http://de.wikipedia.org/wiki/Mesostichon

[3] http://www.straebel.de/praxis/index.html?/praxis/text/t-urban_circus.htm

[4] „Die Partitur besteht aus sieben Anweisungen:

1. Auswahl eines Buches.
2. Verdichtung des Ausgangstextes nach einem algorithmischen Verfahren (Mesosticha). Tonaufnahme der Lesung dieses Textes. Die einzelnen Kapitel werden durch Pausen voneinander getrennt.
3. Erstellen einer Liste der im Buch erwähnten Orte.
4. Erstellen einer Liste der im Buch erwähnten Klänge.
5. Tonaufnahme von (3) und (4). Diese werden entsprechend ihres Auftretens im Originaltext zeitlich an dem verdichteten Text ausgerichtet. Zufallsoperationen bestimmen a) Stereo-Position, b) Dauer, c) Einschwingvorgang, d) Lautstärke, e) Ausschwingvorgang.
6. Tonaufnahmen zweckdienlicher Musik ("relevant music") oder komponierte Variationen dieser Solos werden zu einem zufallsbestimmten Circus überlagert. Jeder (Solist? Plattenspieler?) hat wenigstens doppelt so viel Stille wie Musik.
7. Erstellen eines Mehrspurbandes aus dem erzeugten Material. Wiedergabe über ein Stereo-System oder in anderer Form, so dass die verschiedenen Schichten in beliebiger Kombination hörbar werden. (2) und (6) können auch live aufgeführt werden.

Der gesprochene Text besteht aus 120 zwölfzeiligen Mesosticha. Das sind Gedicht-Strophen, in denen die in der Versmitte stehenden Buchstaben von oben nach unten gelesen ein Wort oder einen Satz ergeben. Diese Mittellinie lautet hier "Alfred Döblin". (Cage verlangt den Namen des Autors oder den Titel des Ausgangstextes. Wegen des in "Berlin Alexanderplatz" auftretenden sehr seltenen "x" fiel die Wahl auf den Namen des Autors)."
Mehr: http://www.straebel.de/praxis/index.html?/praxis/text/t-urban_circus.htm

Buchstabe gehört in die zweite Zeile und wird in einem Wort gefunden, das danach nicht den dritten Buchstaben der Mittellinie enthält, usf. [...] Andere, die so ausgewählten unmittelbar umgebende Wörter [...] des Originaltextes können nach Geschmack hinzugefügt werden", sie dürfen jedoch nicht die oben aufgestellte Regel verletzten.

Um den Text weiter zu kürzen werden die Silben, die die Mittellinie kreuzen, in dieser Position nur einmal verwendet. Dies führt zur zunehmenden Verdichtung des Textes zum Ende hin, weil immer mehr Silben aufgebraucht werden und weniger Wörter für die Mittellinie der Mesosticha in Frage kommen. Sollte ein Mesostichon am Ende eines der Bücher des Romans unvollständig bleiben, wird es mit Material vom Beginn des jeweiligen Buches zu Ende geführt.[5]

Weitere Hinweise zum Verfahren und auch Cages Theoriearbeit sowie Anwendungsbeispielen, die hier aber nicht zu weit ausgebreitet werden soll, da dies eine eher praktische Arbeit werden soll, finde ich auch in einem einführenden Aufsatz mit dem Titel „Mesosticha" („mesostics")[6].

Aus dem Gesamttext generiere ich nach diesem Verfahren 61 Mesosticha

das	Piau Engaly	beschleunigt	Dufaux
dass	Aubisque	lachen	Jörg Jaksche
dau		gemse	
de	Tourmalet	hubschrauber	Walter Godefroot
deck		thermalbad/quelle	
del			
dem		telefonieren	
den	Pau		Ludo Dierckxsens
denn			
der	Col de Portillon		Lampre Daikin
dern			
ders			
des	Col de Peyresourd		
dest			
det	Col de Val-Lauron		
deut			
di	Piau Engaly,		Jean-Marie Leblanc,
die	Col des Ares		Lampre
dierck	Barbazan		Doug Erik Lauritzen
dies	Alpe d'Huez		Tor Hushoff (?), J
dik			
ding			
dingt	Champs-Elysees		Kelme
dis			
disch	Col de Menté		
do	Sestriere		Virenque
doch	Galibier		Daniel Mangins (?) b
don			
dör			
dra			
draht	Col de Télégraph		Salvatore Comesso
dre			
dreht			

(Screenshot, Excelliste: Auszug Silbenliste (Orte, Töne, Namen ff.))

[5] Ebd.

[6] In: Aesthetik und Komposition : zur Aktualität der Darmstädter Ferienkursarbeit / Hrsg.: Gianmario Borio, Ulrich Mosch. S. 7ff. – Mainz [etc.] : Schott, 1994

Weitere Fragen / Stichwörter:
Max Bense, Reinhard Döhl etc. Was hat die „Stuttgarter Schule" mit diesem Ansatz zu tun?
Zu Cage: Mathematische Verfahren der Texterzeugung -> Variation
-> Ästhetik (des Mathematischen?), Dodekaphonie, Schönberg et al.
Aufstellung im Kreis, Neue, andere Klänge, Harmonien
Cage-Text: Nach Cage wäre dieses Verfahren auf jede lit. Vorlage anwendbar. Auch auf pragmatischen Kommentartext?
Der Tour-Text (Kommentartext) als lit. Text?:
Schilderung von Beobachtung unter dem Einfluss *illusionistischer Komplizenschaft*
Rhapsodische Narration
Cage-Algorithmus (ist es „Algorithmus" zu nennen?): um Text zu transzendieren, um ihn „haltbar" zu machen (da spezif. Text nur saisonal und flüchtig.)
Namenslisten (=Bewegung): Personifikationen von Bewegung: Schein-Individualität, nicht nur Funktion von Menge
Ortsliste (=Raum), ebenso: Konkretisierung (Odysseus, Odyssee),
Epos, episches Erzählen

Mesosticha: horizontale und vertikale Semantik
Diachrone (Semantik entwickelt sich im Laufe der Zeit, div. Zeichenketten)
und synchrone (starre Zeichenkette, die bildlich strukturiert)
Formal: nicht natürliche Dichte des Gedichts -> aleatorische Dichte
Neuer Sinn in altem (vorgegebenem, gesprochenem) Text

Methoden: Zusammenzug aller 61 Mesosticha zu 1 Fliesstext? (Epik)

Namen und Orte[7]:
Namensliste: Bewegung (sich bewegende Personen)
Ortsliste: Raum
Text (Stimmen 1 und 2): Zeitl. (diachrone) Semantik

[7] Bei Cage spielen zusätzlich Geographika und Geräusche im Primärtext eine Rolle. Diese werden speziell ausgewertet und fliessen zusätzlich in dessen Performance ein. „Recycling Le Tour de France" wird diese Überlegung aufgreifen, aber in einer anderen Form umsetzen.

03 Anreicherung Mesosticha: 2. Durchgang

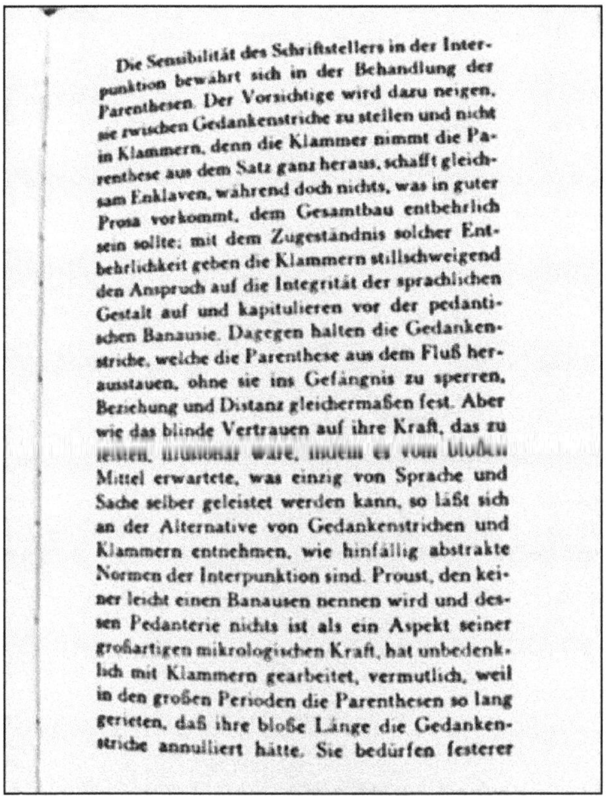

Die Sensibilität des Schriftstellers in der Interpunktion bewährt sich in der Behandlung der Parenthesen. Der Vorsichtige wird dazu neigen, sie zwischen Gedankenstriche zu stellen und nicht in Klammern, denn die Klammer nimmt die Parenthese aus dem Satz ganz heraus, schafft gleichsam Enklaven, während doch nichts, was in guter Prosa vorkommt, dem Gesamtbau entbehrlich sein sollte; mit dem Zugeständnis solcher Entbehrlichkeit geben die Klammern stillschweigend den Anspruch auf die Integrität der sprachlichen Gestalt auf und kapitulieren vor der pedantischen Banausie. Dagegen halten die Gedankenstriche, welche die Parenthese aus dem Fluß herausstauen, ohne sie ins Gefängnis zu sperren, Beziehung und Distanz gleichermaßen fest. Aber wie das blinde Vertrauen auf ihre Kraft, das zu leisten, illusionär wäre, indem es vom bloßen Mittel erwartete, was einzig von Sprache und Sache selber geleistet werden kann, so läßt sich an der Alternative von Gedankenstrichen und Klammern entnehmen, wie hinfällig abstrakte Normen der Interpunktion sind. Proust, den keiner leicht einen Banausen nennen wird und dessen Pedanterie nichts ist als ein Aspekt seiner großartigen mikrologischen Kraft, hat unbedenklich mit Klammern gearbeitet, vermutlich, weil in den großen Perioden die Parenthesen so lang gerieten, daß ihre bloße Länge die Gedankenstriche annulliert hätte. Sie bedürfen festerer

Kontext-Implementierung -> Später: 1. Stimme (und noch später zu ML = Mesosticha Line)
Erweiterung der Semantik
Hinzufügung von Rauschen / Floor
Textgeschwindigkeit

Aside: Natur / Kultur <- Sport (Hybrid, Spannung)

Klammerungen (Einbindung von geklammertem Text / Einschlüsse): Satzzeichen-Bedeutung, vgl. Adorno[8]

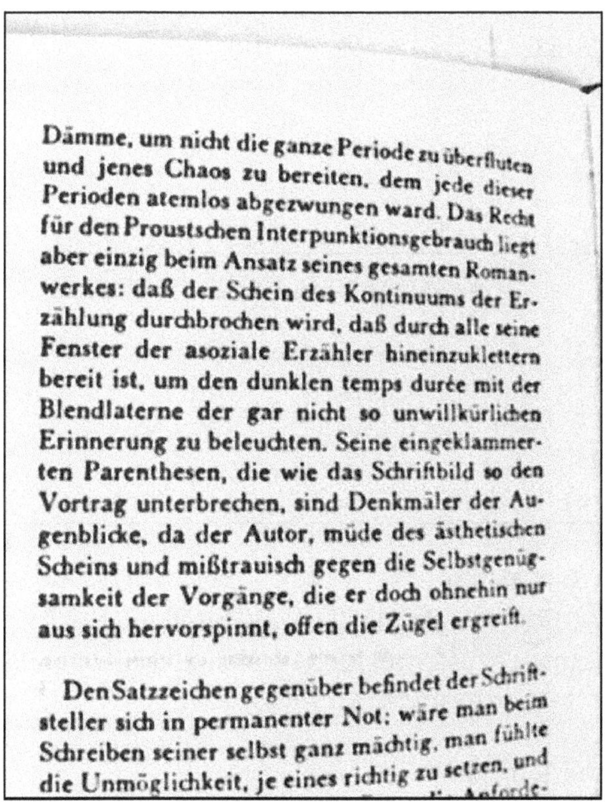

Dämme, um nicht die ganze Periode zu überfluten und jenes Chaos zu bereiten, dem jede dieser Perioden atemlos abgezwungen ward. Das Recht für den Proustschen Interpunktionsgebrauch liegt aber einzig beim Ansatz seines gesamten Romanwerkes: daß der Schein des Kontinuums der Erzählung durchbrochen wird, daß durch alle seine Fenster der asoziale Erzähler hineinzuklettern bereit ist, um den dunklen temps durée mit der Blendlaterne der gar nicht so unwillkürlichen Erinnerung zu beleuchten. Seine eingeklammerten Parenthesen, die wie das Schriftbild so den Vortrag unterbrechen, sind Denkmäler der Augenblicke, da der Autor, müde des ästhetischen Scheins und mißtrauisch gegen die Selbstgenügsamkeit der Vorgänge, die er doch ohnehin nur aus sich hervorspinnt, offen die Zügel ergreift.

Den Satzzeichen gegenüber befindet der Schriftsteller sich in permanenter Not; wäre man beim Schreiben seiner selbst ganz mächtig, man fühlte die Unmöglichkeit, je eines richtig zu setzen, und

<u>Stichwörter:</u>
Das Gedachte, das Zwischendenzeilen
Das Überbrückende
Der Ko-mmentar
Erweiterung des Cage-Paradigmas
(Bei Cage: Auch „Willkürlichkeit“ bei Herausschneiden von Text, Heraussonderung aus Textleib vorhanden)
Recycling Le Tour de France (im folgenden: RLTdF): doppelte Sonderung. Lauter, leiser, (geklammerter) Text, Dynamisierung des Texts = Anpassung an bergiges Gelände
Vorrangiges Wortmaterial: „natürlich“ = Natur/Kultur, möglicherweise = das Kontingente etc. Generell: das KONjunktivistische des Texts.

Die Klammer stellt auch die prinzipielle Möglichkeit eines Text-Anderen, einer Text-Variante dar -> Damit soll gleichzeitig das NU bzw. Werk-Vorläufige formuliert bzw. im Auge behalten werden. Auch: Die Mathematizität des Texts.

[8] Adornos Aufsatz “Satzzeichen” in „Noten zur Literatur“, Bd. 1, A.171f., 1958

Klammern: Lenkräder, Umarmungen, Gruppenbildung, das Runde gegen die Gerade (Linie)
Doppelte Sonderung: doppelte (X-fache) Kontingenz auf > 2 Ebenen.

Das Ergebnis wird im Weblog veröffentlicht[9]. (1 Mesostichon / Woche):

Donnerstag, 31. Januar 2013

M01 (01)

guten Tag (wir grüssen)
die repOrter versammelt
in st. gaUdens
sie staRten (über fünf gipfel)
für Die Athleten
die übrig gebliEben (sind) (integriert)
in die landschaFt soweit
das beim raubbau deR
dA
getriebeN wird
mögliCh ist
abEr

text #1927 (hab) ∊ circus on tour de france - mesosticha
(2) kommentare ≈ print ≈ permalink

---

04 Weitere Textauswertung (nach Cage)

Verarbeitung der Konkreta (= Namen und Orte), vgl. Fn. 7
Statt einer Wiederholung des Cage'schen Dispositivs (= Aufstellung einer chorähnlichen Gruppe, die Namen oder Orte nach einem bestimmten Muster rezitiert) sollen diese Konkreta in einer anderen Form in dieses Projekt (ästhetisch-transformiert) einfliessen …

Möglichkeiten der Umwandlung in multimediale Elemente:
Namen -> Images -> Sounds
Orte -> Google earth film

[9] URL der Kategorie: http://www.abendschein.ch/site/weblog/C70/

(Screenshot: Google-Earth-Film[10], der aus dem vorhandenen Geographica-Material erstellt wurde.)

<u>Stichwörter</u>
Visuelle und akustische Komponenten
Der Text enthält verschiedene Konkreta (Sorten), die Zeit (qua Fahrernamen) und Raum (qua Orte) festlegen ...
Anzufertigen: Listen demonstrieren, dokumentieren die Koordinaten
Phonetik der Namen und Orte
Verschiebung und Bewegung
Multipersonalität, Multigeographizität, Polyvalenz
Fahrerbilder: Umzusetzen in Sounds, akustische und visuelle Reize
Ausweitung des Textkonzepts. Nicht mehr nur von „Text", sondern von „Zeichen" im Allgemeinen sprechen ...

- Eine Komposition multimedialer Zeichen
- Eine maximal-sinnliche Konstruktion
- Ein Recycling-Produkt
- Der Arbeitstitel härtet aus : Recycling Le Tour de France

Die Tour de France (das tatsächliche Ereignis) verhält sich analog zu den Recycling-Komponenten:
Es gibt diachrone und synchrone Zeichen: Multiplikation / Kombination (Laokoon-Disk.[11], Lessing etc.)

[10] Ein Youtube-Film mit einer akustisch-visuellen Umsetzung dieser Partitur war zum Zeitpunkt der Entstehung dieses Texts in Arbeit und sollte dort unter „Recycling Le Tour de France" zu finden sein.
[11] http://de.wikipedia.org/wiki/Laokoon_(Lessing)

Zum Google-Earth-Film: Simulation (zurückgelegter Strecke) ohne Subjekte
Technische Umsetzung (Namen -> Images -> Sounds):
Recherche der Fahrerbilder (via Google-Bildsuche), Recherche einer Software, die aus diesen Fahrerbildern bestimmte Geräusche bzw. Sounds generiert, die für eine bestimmte Zeit, nach einem bestimmten Muster eingespielt werden können …

Image2sounds: Entsubjektivierung der Subjekte
Vertonung des Individuellen (Zer(r)tonung)
Name2image: Überführung diachron. -> synchron. Zeichen
Image2sound: Synchron. Zeichen -> diachron. Nichtzeichen (Rauschen)
Image2sound: später notiert auf ISL (Image Sound Line)

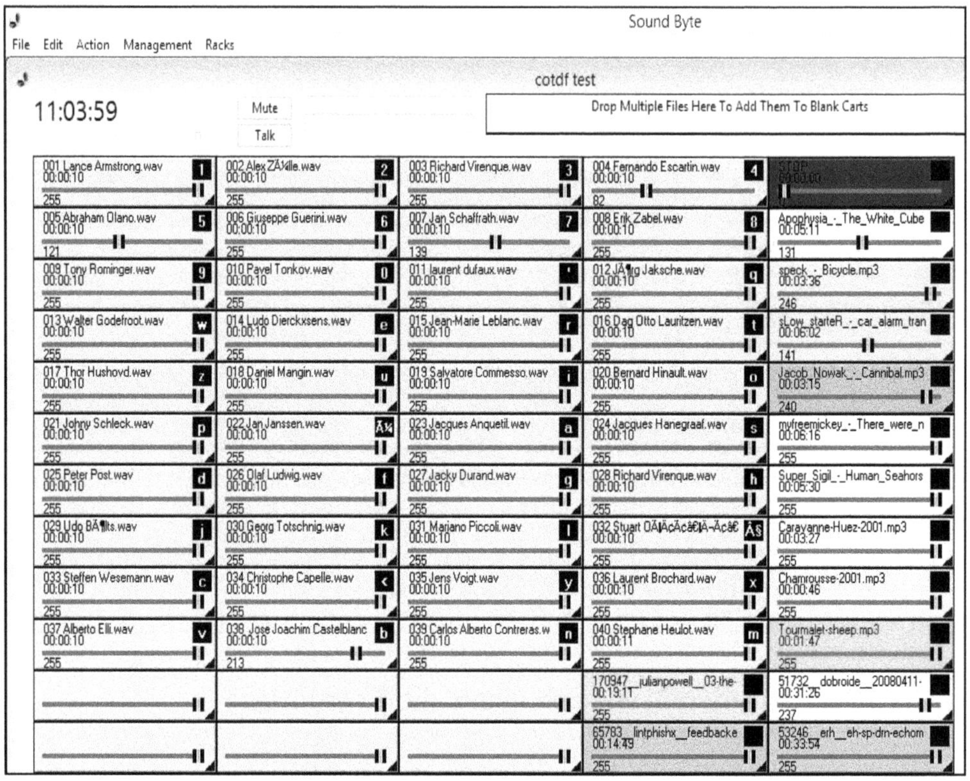

(Screenshot: Anordnung der Fahrer-Sounds auf Soundboard, Software: Sound Byte)

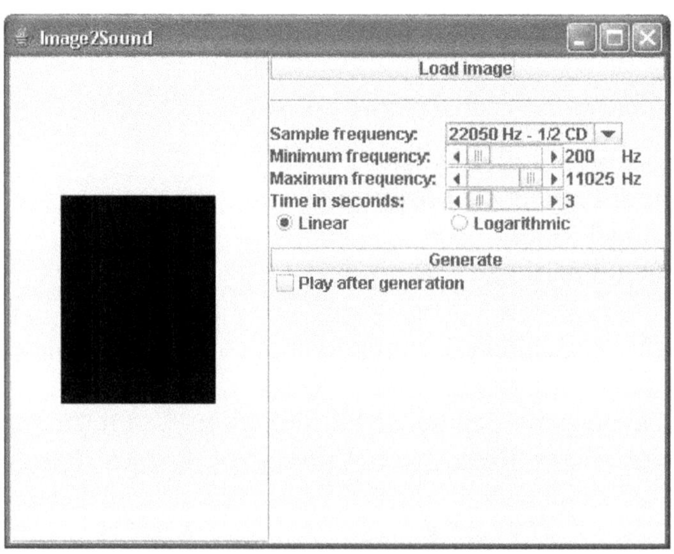

(Screenshot: Image2Sound-Software)

(Screenshot / Collage: Google-Images aus denen Sounds generiert wurden)

05 Generierung einer weiteren, 2. Stimme

Später aka Subtext, notiert in der Subtext-Line (STL)
Der gesamte Tour-de-France-Text wird erneut bearbeitet. Dieses Mal wird eine phrasische Exzerpierung mit folgenden Anweisungen umgesetzt.

a. Herausgelöst werden Sätze ohne Personalpronomen (1. und 2. Person), Namen, Marken etc.
b. Transposition des Ergebnisses 1: Satzumstellung, Syntaxoperation (vgl. Chomskytree): SPO -> SOP od. Variante (Effekt: „Yoda"-Sprache, Zweitsprachler, Sprachlerner)
c. Konsequente Kleinschreibung
d. Transposition 2: Reduktion / Iteration (Looping) des Texts / von Textteilen

Stichwörter zum Verfahren

a)
Das ÜberIch? Das ErSieEs.
Die Sprache der 3. Person
Der Beobachtung. Des Chors.
Das Feststellen, aber nicht des Benannten.
Das namenlos Festgestellte (als wären die Namen nicht bekannt, als käme es auf diese nicht an, folglich: das Machen, das Sich-Ereignen ist hier das Wichtige):
Enthistorisierung, Haltbarmachung, Konservierung durch Nicht-Benennung (Funktionsbeschreibung?)

b)
Satzumstellung: Transposition 1
Irritation: Bruch / Herausriss mit / aus dem Normalverständlichen
Die Beobachtung soll damit auch als Beobachtung des (von) Anderen gekennzeichnet werden.
Durch sprachliche Distanzverschiebung in syntaktischer Operation
„Yoda-Sprache“ -> Sprache der Weisheit, aber auch
Sprache des Ausländers, des Nicht-Nativespeakers, der Internationalität, des Nicht-Identischen

c)
Konsequente Kleinschreibung: Harmonisierung, Anpassung an Stimme 1

d)
Transposition 2:
Verdichtung des Textes. Bedeutungsvermehrung (Akzentuierung) durch Wiederholung und Kürzung
Loopingmöglichkeit (Iteration) analog zur Arbeit mit Keyboard, s.u.
Liedähnlichkeit, Eposähnlichkeit durch Iteration, Memorierbarkeit (des Wesentlichen):
Einladung zum Einstimmen in Text, zur Begleitung, Chorbildung, Publikumsbildung

06 Ausweitung der Materialkollekte zur multimedialen Komposition

Am Anfang war das Wort

Folgende Zeichen wurden gesammelt. Welche Natur haben sie? Wie kann ich sie zu einem stimmigen Ganzen arrangieren?

Stichwörter:

Wort / Schrift: Mesosticha = Fix UND bewegt (horizontal/vertikal)
Bild (fix und bewegt)
Ton (fix und bewegt)
Struktur / Bewegung sinnlicher und nichtsinnlicher Zeichen
Auf allen Ebenen: Spür- und Sichtbarmachung des Ereignisses
Medien und Kommentatoren = Speichern und Vermitteln von Ereignissen, Narrativen

Instrumente (Dispositiv) - Zuordnung:
Yamaha-Keyboard (Sound) -> Rad / Vehikel
Partitur (Texturen, Stimmen) -> Weg / Fahrplan / Karte
Visual (Film) -> Panorama

Komponieren = Zusammensetzen

07 Atmos, Sounds, thematische Objekte

Reichen o.g. Zeichen aus, um ein tatsächlich spiel- oder hörbares Werk zu generieren? Sollen noch weitere Audio-Elemente (o.a.) „von aussen“ hinzugewonnen werden?

Zum Beispiel:
Freie (cc-) Tracks als Floor (dramaturgisch)
Mit Soundboard live einzuspielen

Stichwörter:
Decorum, Atmo, Echtheit, Tatsächlichkeit, Das Historische
Das Natürliche
Sound / Field Recordings (FieldRec), Archivspeicher des Natur-vs.-Kultur-Dichotomie
Natur: Kontingenz, Nicht-Schöpfung
Kultur: Prinzip der Autorschaft, Stimmkonstruktion
Floor (Synthiesound) -> FieldRec (Natur / Kultur („Synthiepop“))

Der Floor als Naturgeräusch (Unterlage) des kulturellen Films
Das Diverse Zwitschern im Wald
Vielstimmigkeit, Rauschen, Störinformationen
Das Nicht-Narrativ, lyrisch, prosaisch

08 Zur Verwendung und Verfremdung: Das Yamaha-Keyboard[12]

Ich finde ein gebrauchtes Keyboard der Marke *Yamaha PSR-420*. Für meine Recycling-Zwecke sollte es genügen. Welcher Verwendung kann es zugeführt werden? Welche Programmierung ist vorzudefinieren?

[12] Es ist nicht auszuschliessen, dass ein Wiederhören des Kraftwerk-Albums „Tour de France“ die Möglichkeiten einer Keyboard-Verwendung initiiert hat ...

<u>Stichwörter:</u>
Kleine melodische, zu loopende Einheiten
Voice-Rhythmus-Kombinationen

- Vorgegeben, numerisch (absteigend)
- Zu analogisieren / loopen / verbinden mit
  - Image-Sounds
  - Stimmen 1+2

Yamaha = Das Gerät des Sounds der 80er/90er
Synthesizer synthetisiert Kultur und Natur
Ableitung / Flektion der (vorhandenen) Klangmöglichkeiten

- Kleinere melodische (oder nicht-melodische) Einheiten, geloopt, analog Namen / Orte / Individuen

Systematisch nach Liste abzuarbeiten
DIE MELODIEN DER LISTE
Tastatur, Tasten, hoch und tief, schwarz und weiss, harmonisch-disharmonisch
Elektronisch, haptisch, Fingerarbeit, Halbtöne, ganze Töne

Stimmen-nummer	MIDI-Programm-nummer	Stimmenname	Anzahl Einzel-stimmen
		Piano	
01	0	Acoustic Grand Piano	1
02	1	Bright Acoustic Piano	1
03	2	Electric Grand Piano	2
04	3	Honky-tonk Piano	2
05	4	Electric Piano 1	2
06	5	Electric Piano 2	2
07	6	Harpsichord	1
08	7	Clavi	1
		ChromaticPercussion	
09	8	Celesta	1
10	9	Glockenspiel	1
11	10	Music Box	2
12	11	Vibraphone	1
13	12	Marimba	1
14	13	Xylophone	1
15	14	Tubular Bells	1
16	15	Dulcimer	2
		Organ	
17	16	Drawbar Organ	2
18	17	Percussive Organ	2
19	18	Rock Organ	2
20	19	Church Organ	2
21	20	Reed Organ	1
22	21	Accordion	2
23	22	Harmonica	1
24	23	Bandoneon	2
		Guitar	
25	24	Acoustic Guitar (nylon)	1
26	25	Acoustic Guitar (steel)	1
27	26	Electric Guitar (jazz)	1
28	27	Electric Guitar (clean)	2
29	28	Electric Guitar (muted)	1
30	29	Overdriven Guitar	1
31	30	Distortion Guitar	1
32	31	Guitar Harmonics	1
		Bass	
33	32	Acoustic Bass	1
34	33	Electric Bass (finger)	1
35	34	Electric Bass (pick)	1
36	35	Fretless Bass	1
37	36	Slap Bass 1	1
38	37	Slap Bass 2	1
39	38	Synth Bass 1	1
40	39	Synth Bass 2	1
		Strings	
41	40	Violin	1
42	41	Viola	1
43	42	Cello	1
44	43	Contrabass	1
45	44	Tremolo Strings	2
46	45	Pizzicato Strings	2
47	46	Orchestral Harp	1
48	47	Timpani	1
		Ensemble	
49	48	Strings Ensemble 1	1
50	49	Strings Ensemble 2	1
51	50	Synth Strings 1	2
52	51	Synth Strings 2	2
53	52	Choir Aahs	2
54	53	Voice Oohs	1
55	54	Synth Voice	1
56	55	Orchestra Hit	1
		Brass	
57	56	Trumpet	1
58	57	Trombone	1
59	58	Tuba	1
60	59	Muted Trumpet	1
61	60	French Horn	1
62	61	Brass Section	1
63	62	Synth Brass 1	2
64	63	Synth Brass 2	2
		Reed	
65	64	Soprano Sax	1
66	65	Alto Sax	1
67	66	Tenor Sax	1
68	67	Baritone Sax	1
69	68	Oboe	1
70	69	English Horn	1
71	70	Bassoon	1
72	71	Clarinet	1
		Pipe	
73	72	Piccolo	1
74	73	Flute	1
75	74	Recorder	1
76	75	Pan Flute	1
77	76	Blown Bottle	2
78	77	Shakuhachi	1
79	78	Whistle	1
80	79	Ocarina	1
		SynthLead	
81	80	Lead 1 (square)	2
82	81	Lead 2 (sawtooth)	2
83	82	Lead 3 (calliope)	2
84	83	Lead 4 (chiff)	2
85	84	Lead 5 (charang)	2
86	85	Lead 6 (voice)	2
87	86	Lead 7 (fifth)	2
88	87	Lead 8 (bass+Lead)	2
		SynthPad	
89	88	Pad 1 (new age)	2
90	89	Pad 2 (warm)	2
91	90	Pad 3 (polysynth)	2
92	91	Pad 4 (choir)	2
93	92	Pad 5 (bowed)	2
94	93	Pad 6 (metallic)	2
95	94	Pad 7 (halo)	2
96	95	Pad 8 (sweep)	2
		SynthEffects	
97	96	FX 1 (rain)	2
98	97	FX 2 (soundtrack)	2
99	98	FX 3 (crystal)	2
100	99	FX 4 (atmosphere)	2
101	100	FX 5 (brightness)	2
102	101	FX 6 (goblins)	2
103	102	FX 7 (echoes)	2
104	103	FX 8 (sci-fi)	2
		Ethnic	
105	104	Sitar	1
106	105	Banjo	1
107	106	Shamisen	1
108	107	Koto	1
109	108	Kalimba	1
110	109	Bagpipe	2
111	110	Fiddle	1
112	111	Shanai	1
		Percussive	
113	112	Tinkle Bell	2
114	113	Agogo	1
115	114	Steel Drums	2
116	115	Woodblock	1
117	116	Taiko Drum	1
118	117	Melodic Tom	1
119	118	Synth Drum	1
120	119	Reverse Cymbal	1
		SoundEffects	
121	120	Guitar Fret Noise	1
122	121	Breath Noise	1
123	122	Seashore	2
124	123	Bird Tweet	2
125	124	Telephone Ring	1
126	125	Helicopter	2
127	126	Applause	2
128	127	Gunshot	1

(Auschnitt aus Yamaha-Gebrauchsanleitung. Katalog der Stimmen/"Voices")

09 Zur Notation

Zu desem Zeitpunkt stellt sich die Frage:
Wie kann dies abgebildet werden? Welche unkomplizierten Möglichkeiten der Abbildung stehen zur Verfügung? Findet sich ein Aufschreibe-Notationssystem von / für ALLE/N Einheiten / Elementen?
Zum Beispiel mit / als

- Notenblatt?
- Exceltabelle?
- Notenblatt in Exceltabelle?
- Tiddlywiki5

Erster Versuch:
2 Stimmen / Sounds + Keyboard in blockweiser Abschrift / Dokumentation

Stichwörter:
Nachdenken über die (synchron.-diachron.) Abbildung multimedialer Reize
Wie die einzelnen Elemente (Sensuals) zueinander zu setzen wären:
Ein Sensual-Tab?

Zu berücksichtigen ist auch:
Wie frei bzw. wie exakt muss alles gespielt werden, wie gross ist der Raum für Interpretation?
Wie viele Spieler, Musiker, Darsteller, Rezitatoren, Akteure braucht es. Oder: One-person-show?
Über mehrere Stunden? Offen oder mit Zeitvorgabe?
Vor Publikum oder abgekapselt (und aufgezeichnet bzw. übertragen? Als Internetkonzert?)
Wie angeordnet? Anordnung der Instrumente wie RLTdF-Symbol?

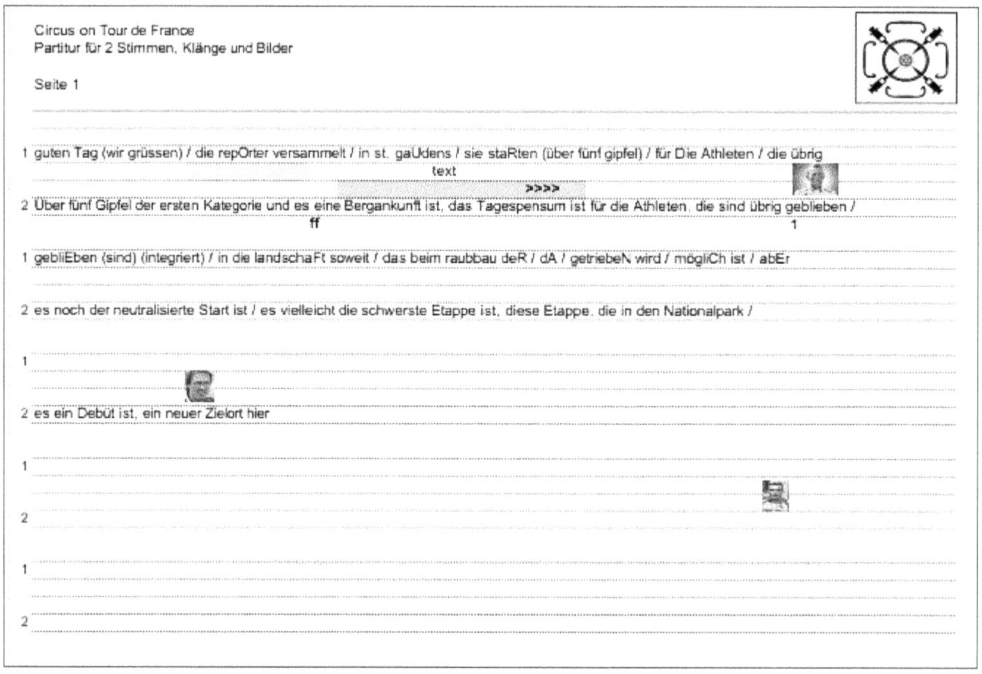

(Screenshot: Verworfener Entwurf auf Excel-Basis)

10 Metatext, Dokumentation, Selbstreflexivität

Glücklicherweise wurden bis jetzt immer kleine Produktionsnotizen gemacht. Der Arbeits- und Projektkomplex schwillt weiter an (glücklicherweise – so soll das bei autopoetischen Ansätzen sein) und ohne diese würde der gesamte Hergang kaum mehr rekonstruierbar werden.

Ich fasse den Entschluss, dass es neben einer „Partitur“ (sowie einer „Aufführung“) als Endprodukt noch einen Textapparat geben soll, der den gesamten Entstehungsprozess und die Zusammenhänge rudimentär zeigen kann. Kein Romanwerk, kein elaborierter Essaytext, eher ein offenes Gewebe aus Notizen, assoziativen Stichwortkatalogen, Entwürfen und

Ideenskizzen und anderen Materialien, die möglicherweise aber auch selbst erklärungsbedürftig bleiben … schliesslich muss auch nicht alles ausgetreten werden. Pfeile, Signale als potentielle Richtungsgeber sollten genügen, um auch einen kreativen Prozess beim Rezipienten auszulösen … Wie aber wären die Notizen anzulegen bzw. zu strukturieren?

Über die Schreibung der (dieser) Notate / des Materialapparates …:
Zu berücksichtigen sind

- Inhalt
- Struktur
- Date-Model

1
Allmähliches Auffüllen, Weiterreflektieren der Struktur, der / obiger Punkte 1-9 (notfalls weitere Punkte 11ff. einführen?)

2
Spielen mit „wissenschaftlichen" Zitaten, Sekundärliteratur etc. (plus Quellenangaben, ausgehend von Wikipedia und anderen Lexika etc … einzubauen in kleinerer Punktgrösse. Oder als Fussnote? Oder beides?)

3
Lineare Fortentwicklung?
Oder fortlaufende Ergänzung der Punkte?
Mit Datumsangabe? Der Niederschrift? Der Ergänzung?
(Z.B.: Timestamp: 2013-08-02 _13:24)

4
Lässt sich das smarte Tiddlywiki5[13] dazu einsetzen? (Ich gebe zu: meine derzeitige Lieblingssoftware … Und das schon seit „Bibliotheca Caelestis".)

FF Weitere / Folgenotizen

Ich habe mich dafür entschieden, da nun die Arbeitsbereiche und -prozesse der vergangenen 10 Punkte, eher inhaltlich aufgespannt wurden, den weiteren Prozess chronologisch, d.h. im Zeitpfeil zu dokumentieren. Eine Zeitcodierung (JJJJMMTT) verweist auf einen geplanten oder umgesetzten Arbeitsschritt. Diese kann aber manchmal auch unmittelbar an Überlegungen in o.a. Punkten anschliessen. Auch hier wird es stichwortartige Einträge, Reflektionen, Dokumentationen verworfener Ideen geben …

20130730

ad 08: Ich entscheide mich für einen Neuansatz in der Keyboardverwendung (Kombination Stimme 2 mit Keyboard): Zur Verwendung steht nun vor allem die Orte-Liste (Bewegung im Raum). Aus den ersten 2 mal 2 Zeichen der Ortschaften werden mit einem spezifischen

[13] Vgl. http://tiddlywiki.com/

Schlüssel numerische VOICE- und STYLE-Informationen für das Yamaha-Keyboard generiert (Quersummenbildung bei Mehrstelligkeit):

Orte	VOICE	STYLE	Tonfolge	AZ	Zahl	Tonref.
Pyrenäen				a	0	C
Saint Gaudens				b	1	Cis
Piau Engaly				c	2	D
La Plagne				d	3	Dis
Alpe d'Huez				e	4	E
Champs-Elysees				f	5	F
Paris				g	6	Fis
Saint Etienne				h	7	G
Col des Arles				i	8	Gis
Col de Menté				j	9	A
Lannemezan				k	1	B
Luçon				l	2	H
Piau Engaly				m	3	c
Aubisque				n	4	Cis
Tourmalet				o	5	D
Pau				p	6	Dis
Col de Portillon				q	7	E
Col de Peyresourde.				r	8	F
Col de Val-Lauron Azet				s	9	Fis
Piau Engaly				t	1	G
Col des Ares				u	2	Gis
Barbazan				v	3	A
Alpe d'Huez				w	4	B
Champs-Elysees				x	5	H
Col de Menté				y	6	c
Sestriere				z	7	Cis
Galibier						
Col de Télégraph				ä = ae etc.		
Piau Engaly						
Peyersourde						
Österreich						
Schweiz						

(Screenshot: Excel-Tabelle der Ortschaften und der Schlüssel)

Mit einem anderen Schlüssel („Tonref." in Abb.) werden (zu spielende) Tonfolgen generiert.

(Screenshot: Versuch der Tonfolgen-Abbildung, sowie der Integration der „2. Stimme" mit der Online-Software scorio.com)

ad 05: Um die Textmenge der 2. Stimme gleichflächig verteilen zu können, wurde diese in eine Excel-Tabelle gefügt und die "Satzmenge" berechnet (= ca. 180). Verteilt auf 45 "Ort" sind je etwas mehr als 4 Sätze als "Liedtext" (bzw. „Sprechtext") auf eine Ort-Tonfolge umzulegen.

1	über fünf gipfel der ersten kategorie und es eine bergankunft ist, das tagespensum ist für die
2	es noch der neutralisierte start ist
3	es vielleicht die schwerste etappe ist, diese etappe, die in den nationalpark
4	es ein debüt ist, ein neuer zielort hier
5	1
6	eine skistation, die aber ist sehr schön integriert in die landschaft
7	alles namen, die hier im gespräch
8	also ganz sicher die meisten höhenmeter sie machen, das
9	die meisten fahrer hier, die müde sind schon so
10	2
11	es natürlich ein idealer tag ist , um zu machen hier wirklich grosse abstände
12	die spitzenfahrer natürlich auch den stress hatten sich stellen zu müssen den medien, eine pfl
13	bei fahrern es sehr schöne gespräche gab in einem sehr, sehr schönen hotel gelegen unter z
14	mit der tour de france dieser fall exakt nichts zu tun hat und so gefragt war die mannschaftsleit
15	3
16	es auch ein ganz böser scherz hätte sein können, durchaus möglich, es den journalisten einfa
17	es zur kenntnis nimm oder nicht.
18	keinerlei unterschrift der kommissäre, keinerlei datum und das ein bisschen merkwürdig ist un
19	hat man irgendeinen weg zu finden versucht
20	4
21	es mittlerweile ein teufelskreis ist in dem steckt der radsport und selbst wenn heilen die mittel
22	ein kompletter mann, der ist ein roller, der kann sprinten, der kann klettern
23	ja, auch in der mannschaft noch, gut das natürlich schon sehr grosse einflüsse hat manchmal
24	dass der mann in gelb hinwirft den anderen den fehdehandschuh, kann er kontern.
25	kann er kontern, aber er abwarten wird ganz sicherlich, diejenigen, die werden angreifen
26	aber selbst machen es er muss, zählen kann nicht auf seine mannschaft, weil zu geschwächt i

(Screenshot: Ausschnitt Exceltabelle zur quantitativen Bestimmung des Textes der 2. Stimme)

Das Notensatzprogramm scorio.com ermöglicht eine Darstellung von Tonfolge und Liedtext, ordnet beides automatisch an, sodass Text vertikal und horizontal gelesen werden kann.
Kann / Sollte dieser Effekt eingesetzt werden?
Oder sollte der Text in dieser Anordnung noch überarbeitet bzw. gekürzt werden?
Nebenbei: Es gilt auch zu überlegen, ob nicht alle Einzelbilder (= Seiten der Partitur, s.o.) als 2. Thread der Serie im Blog veröffentlicht werden sollten (Parallel dazu? Oder im Anschluss?)

20130730

ad 03: Weiter zu überlegen: Ob die 61 Mesosticha nicht von verschiedenen Stimmen gesprochen und aufgezeichnet werden. Dann könnten diese ebenfalls (via weiterem Soundboard) abrufbar gemacht und in eine umfassendere Partitur geplant werden.
Oder: Gibt es Softwares, die unterschiedliche Stimmen für kurze Textpassagen (in die ML = Mesosticha Line) generieren? -> OK s. 20130802
<u>Vorteile:</u> Stimmen, Keyboards und Soundboards können dann doch insgesamt von 1, maximal 2 Personen bedient werden.
Theoret. Implikationen: Demokratische, multisonore, abwechslungsreiche Stimmung, stärkere Betonung der Rezeption der Texte
<u>Nachteile:</u> Stimmen sammeln und schneiden = viel Arbeit

ad 09 und generell:
Es besteht ein zahlenmässiges Ungleichgewicht im Verhältnis Orte (= Seitenzahl der Partitur), Mesosticha und Soundelemente. Wie bzw. nach welchem Schlüssel können diese umgelegt bzw. verteilt werden? Quantitativ? Qualitativ? Andere?:

In Zahlen:
45 Orte (Orteliste)
Mehr als 180 Sätze (Stimme 2) = > 4 Sätze / Ort
61 Mesosticha
91 image2sounds (= ISL)-Elemente
X Weitere Elemente (Sorten)?[14]

20130801

Erster Entwurf einer Partitur(struktur):

[14] X Sounds FieldRecordings (zu überlegen, ob solche noch genommen / recherchiert werden). X Sounds Musiktracks (sollen solche überhaupt verwendet werden, oder ist Keyboard ausreichend?)

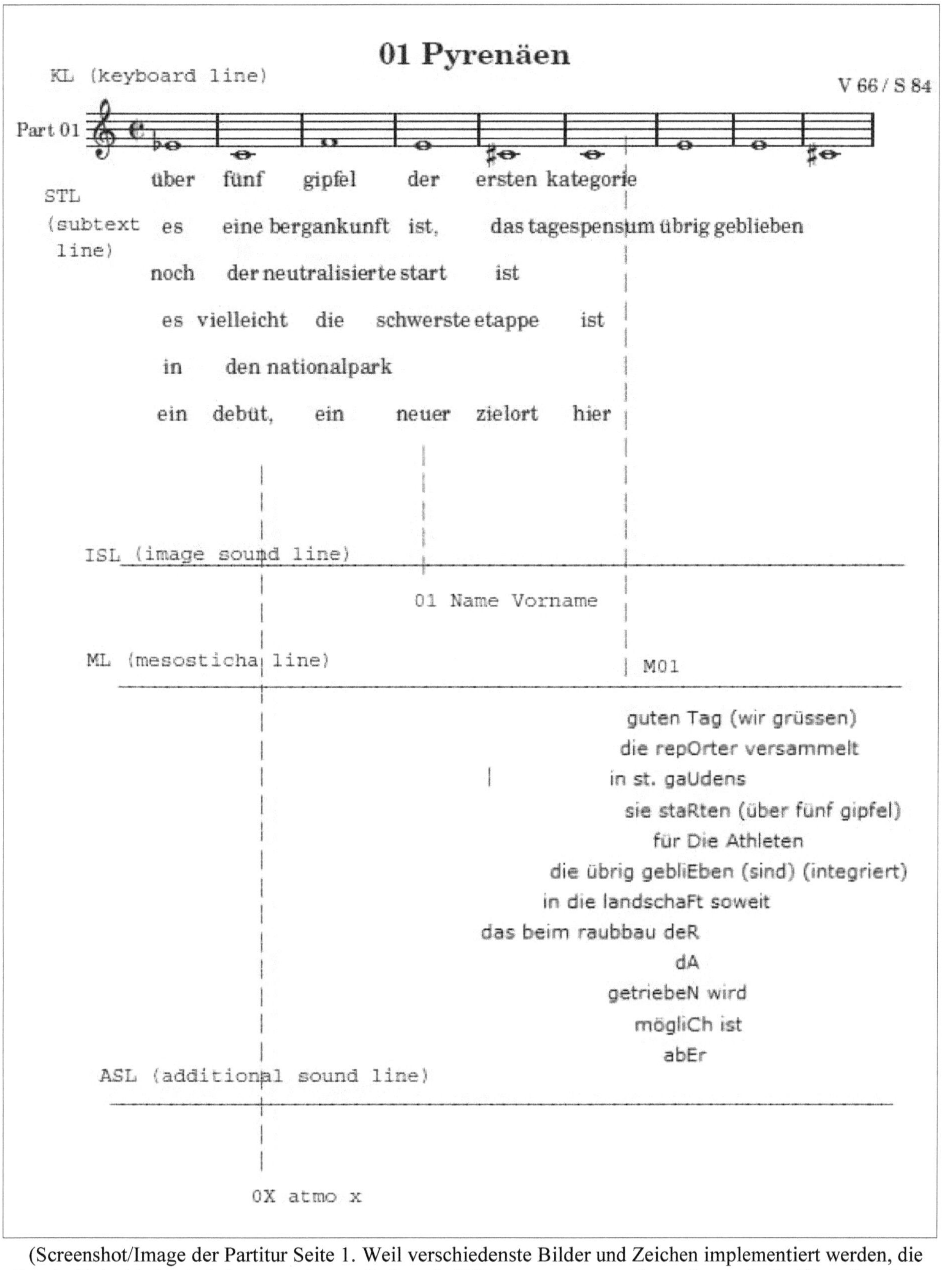

(Screenshot/Image der Partitur Seite 1. Weil verschiedenste Bilder und Zeichen implementiert werden, die Scorio-Notenblattentwürfe aber unkonvertierbar als PDF ausgegeben werden, müssen die Partiturseiten fortan einzeln mit Acrobat Pro ediert und weiterentwickelt werden.)

Noch zu bestimmen ist die mengenmässige Verteilung von 61 Mesosticha auf 45 Orte, bei teilweiser M-Dublierung von STL-Elementen mit kürzeren, kleineren Textmengen.

Und als nächstes vorzubereiten:

Die Umrechnung Orte in Zahlen / Noten -> Notensatz (KL/STL)
Sowie Keyboard-Tests, ML-Sounds?
Allg. Partitur-Arrangement

20130802

Ich experimentiere mit Text-to-Speech-Softwares, die das Problem der Quantität und potentiellen, qualitativen Heterogenität bei der Erzeugung von Sprachpassagen mit einem Schlag lösen könnten.

Mesosticha TtS Generierung (Stimmnamen: m Reiner, f Klara)
Erstes Substantiv (Geschlecht m/f) definiert Lesestimme

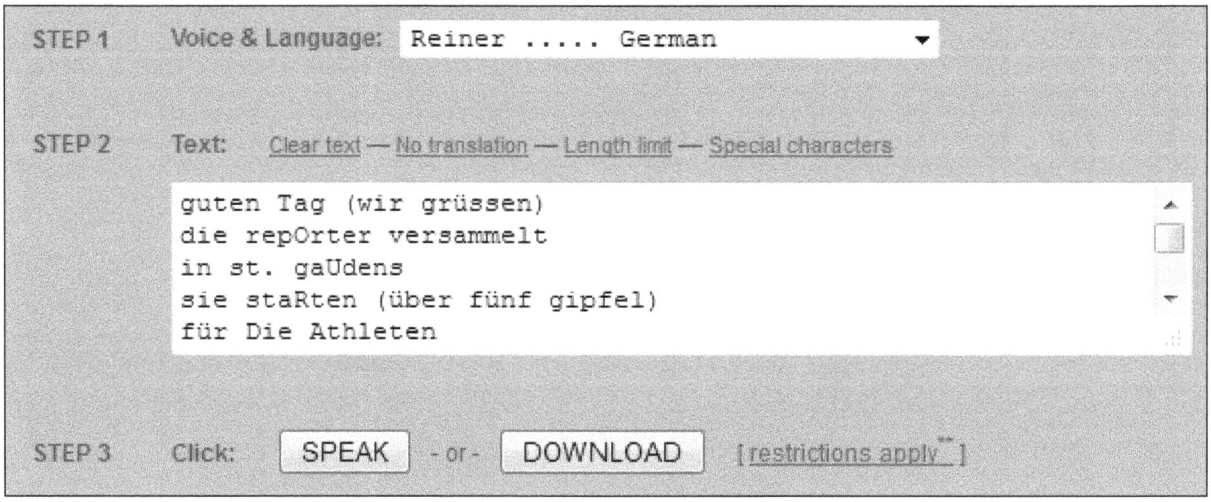

(Screenshot: Online-TtS-Software http://www2.research.att.com/~ttsweb/tts/demo.php)

61 Soundfiles (Names ff.: M01_tts_Male.wav) sind auf ein zweites Soundboard mit 2 Racks zu platzieren. Weitere Beobachtungen:
-> Vor allem Überschneidung (overlap) mehrerer Files hören sich gut an und machen das Stück lebendig.
-> Zu überlegen, ob nicht vielleicht auch die STL-Texte im TtS-Verfaren als Files (45) zu generieren wären … Das gesamte Arrangement würde allerdings komplett den Charakter einer “Lesung” einbüssen, stattdessen erhälte es evtl. den Charakter einer DJ-Session.

Folgende (kostenlose) Softwares sind ebenfalls zu testen:
http://codewelt.com/proj/speak (2/5)
http://www.fromtexttospeech.com/ (4/5)
Stimmen: m/f, Sarah/Klaus, Satzzeichen sind zu entfernen, da sonst (unverständlich) mitgesprochen -> Weitere Anforderungen: Zeilenumbrüche einfügen … kürzere Sätze… alle Umlaute müssen umgewandelt werden: ü zu ue etc …)

mehr: http://myappmag.com/free-online-text-to-speech-voice-converter/

Auch denkbar wäre, dass der gesamte Sprechtext der STL in einem sauber angepassten File zusammengefasst ist, das entsprechend nach Ablauf einer STL-Passage angehalten wird …

(Elemente mit Titel?: "Zahl Ort" (Start) -> "Ende Zahl Ort" (Ende))[15] (= verworfen. Aber: Zu überprüfen wäre, ob solch ein Gesamt-File nicht mit einer speziellen Software nach Passagen getrackt werden könnte. Zu testen, bspw., die Software „Slice Audio File Splitter".)

Eine zweite Text-to-Speech-Software soll also die Stimme für die Passagen der STL generieren.

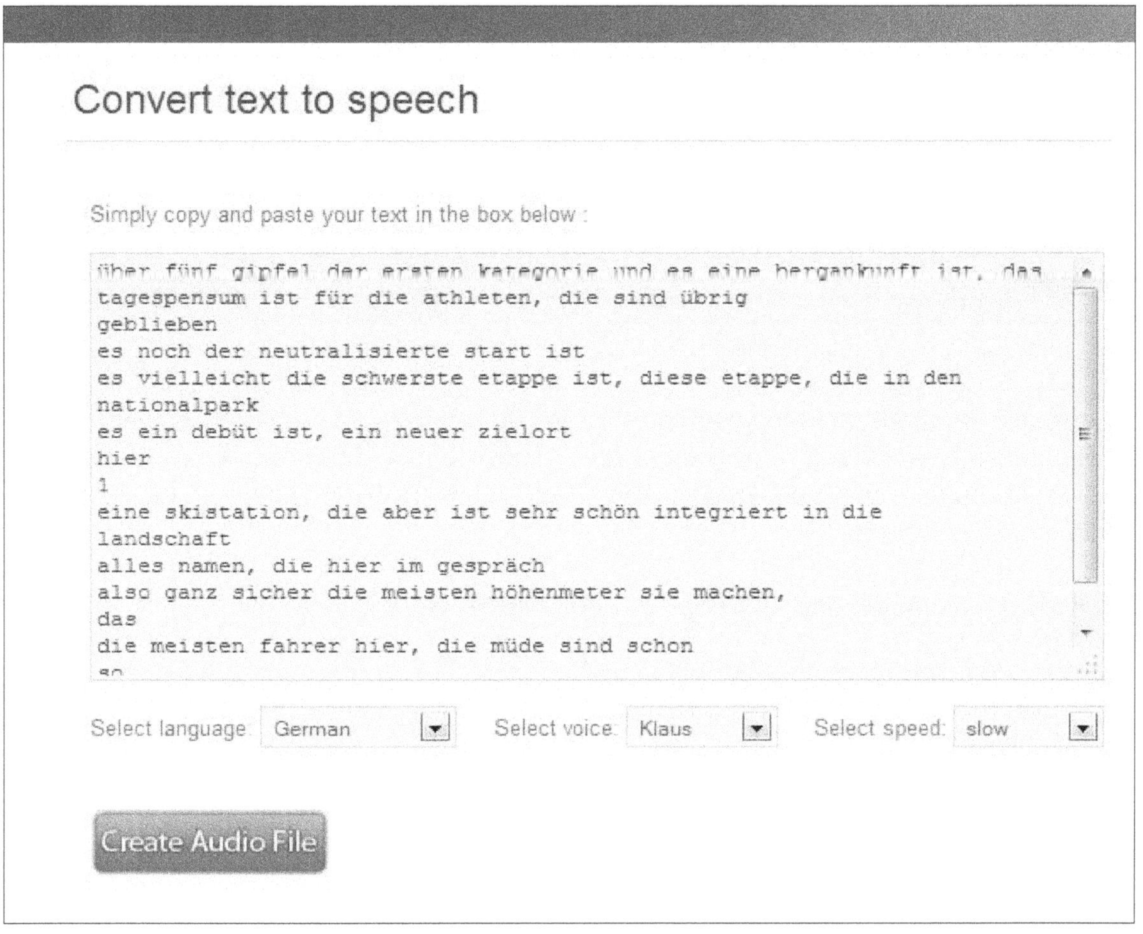

(Screenshot: http://www.fromtexttospeech.com/)

Das Ergebnis liegt in einer Datei. Zur Abspielung benötigt wird noch etwas Hardware:
Ich lege das File in ein Android Tablet und installiere eine extragrosse PLAY/PAUSE-Taste.

[15] Diese Idee wird nach Praxistest verworfen. Das Verfahren ist live nicht gut umsetzbar …

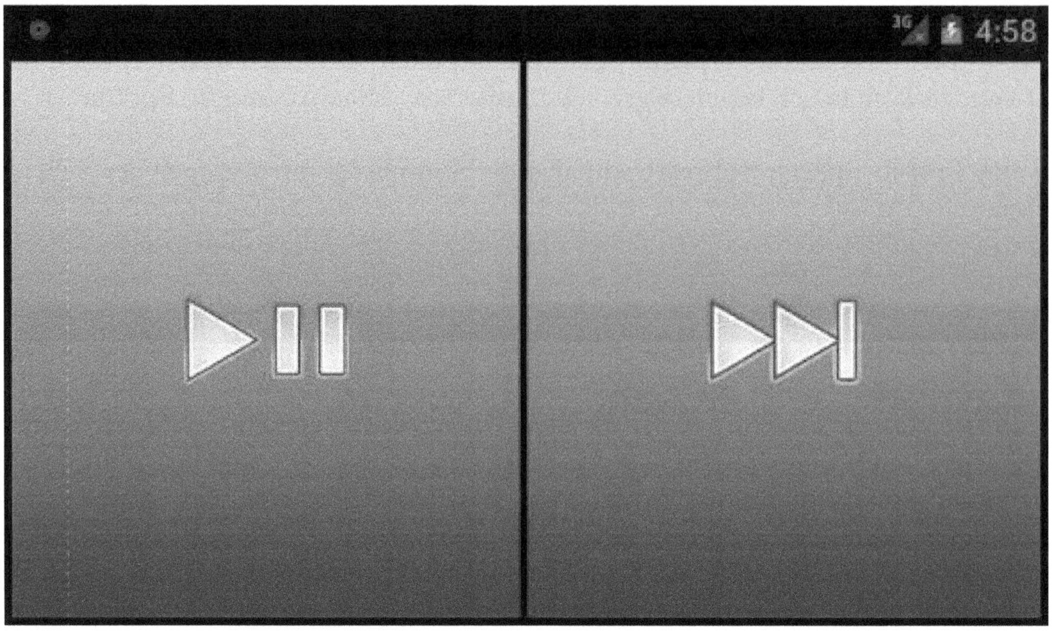

(Screenshot: PLAY/PAUSE-Taste auf Android Tablet)

Wie vermutet ist eine Bedienung nach diesem Verfahren in einer multitaskerischen Performance zu umständlich, sodass diese Idee verworfen werden muss. Und weitergearbeitet werden muss mit dem Versuch, aus den STL-Passagen Einzelfiles für ein weiteres Soundboard zu erzeugen.

Derweil wird Arbeitstitel und Untertitel dieser Arbeit revidiert:
„Recycling Le Tour de France“
Komposition für drei Soundboards, eine Yamaha PSR-420 und diverse, künstliche Stimmen

20130809

Die Zerschneidung des STL-Files (mit Slice Audio File Splitter) in 45 Teile zur besseren, sichereren (notfalls) Navigation auf Tablet hat problemlos geklappt.

FF: Weitere Generierung der Partitur-PDFs mit KL und STL. Aus den 45 Rohdokumenten ist später ein Basisdokument (PDF, 1-45) zu machen, das dann weiter bearbeitet werden wird (s.o. erster Entwurf einer Partitur(struktur)).

20130811

Es sind Erhebungsdubletten in der Abteilung „Orte” entstanden: Wie ist mit diesem Problem umzugehen? Können diese „legitimiert“ werden? Es folgt etwas Zahlenhokuspokus.

Damit es 45 Orte bleiben, sind Dubletten austauschen / zu ersetzen:
Z.B.:
- Col de Val-Lauront (Azet)
- ~~Piau Engaly~~ Azet

Oder bzw.: Variation
- Champs-Elysees
-> *(Champs-) Elysees = (Streichung: 1. Wortteil / Erste Silbe)?
Dieser Ansatz wird verworfen, stattdessen wird eine Tabellenbereinigung durchgeführt.
Vorgehensweise:
- 13 Piau Engali ersetzen (weitere Nutzung der gerechneten Orte, 15 PDFs)
- Es verbleiben 37 Orte (Seiten) und 61 Mesosticha -> Verteilung: je 2 Mesosticha auf 1 Ort (Auszunehmende, d.h. mit je nur 1 ML pro Seite vertretene, sind diejenigen mit dem grösstem Text-/Seitenvolumen ... bis es flächenmässig aufgeht ...)

20130815

Es wird festgestellt, dass einige STL-Passagen (und Elemente 37-47) übrig bleiben, also sind 45-37 = 8 Elemente zu verteilen:
Diese 8 Text-Elemente werden (qua Additional STL=AddSTL) gleichflächig in die Gesamtpartitur und textmengenkorelliert mit der restlichen Mesosticha-Menge (61-37 = 24 AddML) eingelagert ... 3 AddML -> 1 AddSTL

KL/STL	ML	AddML	AddSTL	
1	1	38		
2	2	39		
3	3	40		
4	4		38	
5	5	41		
6	6			
7	7	42		
8	8	43		
9	9			
10	10	44		
11	11	45		
12	12	46		
13	13		39	
14	14			
15	15	47		
16	16	48		
17	17	49		
18	18		40	
18	18	50		
20	20	51		
21	21	52		
22	22		41	
23	23	53		
24	24	54		

25	25	55		
KL/STL	ML	AddML	AddSTL	
26	26		42	
27	27	56		
28	28	57		
29	29	58		
30	30		43	
31	31	59		
32	32	60		
33	33	61		
34	34			
35	35		44	
36	36		45	
37	37			
fett = doppelte KL				Zu Verteilen:
rot = nur viel text				24 AddML
rot fett = passt kein ML/AddSTL mehr hin				8 AddSTL
				= 32 Add

(Screenshot, Excelliste: Aufteilung: KL/STL/ML/AddML/ADDSTL

20130819

Ein Koordinationstest KL (Umschalten der V-S-Einstellungen in Echtzeit auf der Yamaha) ergibt = ist erfolgreich!

Stattdessen tut sich ein anderes Problem auf: Durch die Neu-/Umverteilung der STL-Texte funktioniert die Tablet-Adaption (Stures Sound-ff. nach STL1) nicht mehr. Eine andere Lösung muss gefunden werden.
- Soll noch 1 weiterer Laptop mit Soundboard zum Einsatz kommen?
- Oder: eine andere Soundboard-Software für 1 Tablet (mit mind. 45 Positionen/Buttons?)

Die Andro ix-App mit 28 Positionen je Board (es sind mehrere Boards möglich) scheint vielversprechend. Allerdings macht diese eine händische Einarbeitung und Umsortierung der Sounds notwendig. Dennoch wird ein Versuch mit dem Board von Andro ix, nach erstem Partiturensatz mit STL/KL/ML gewagt.

(Screenshot: 1. Board der Andro ix-App)

20130820

In der Zwischenzeit gibt es einen neuen Partiturentwurf - Blatt 1:

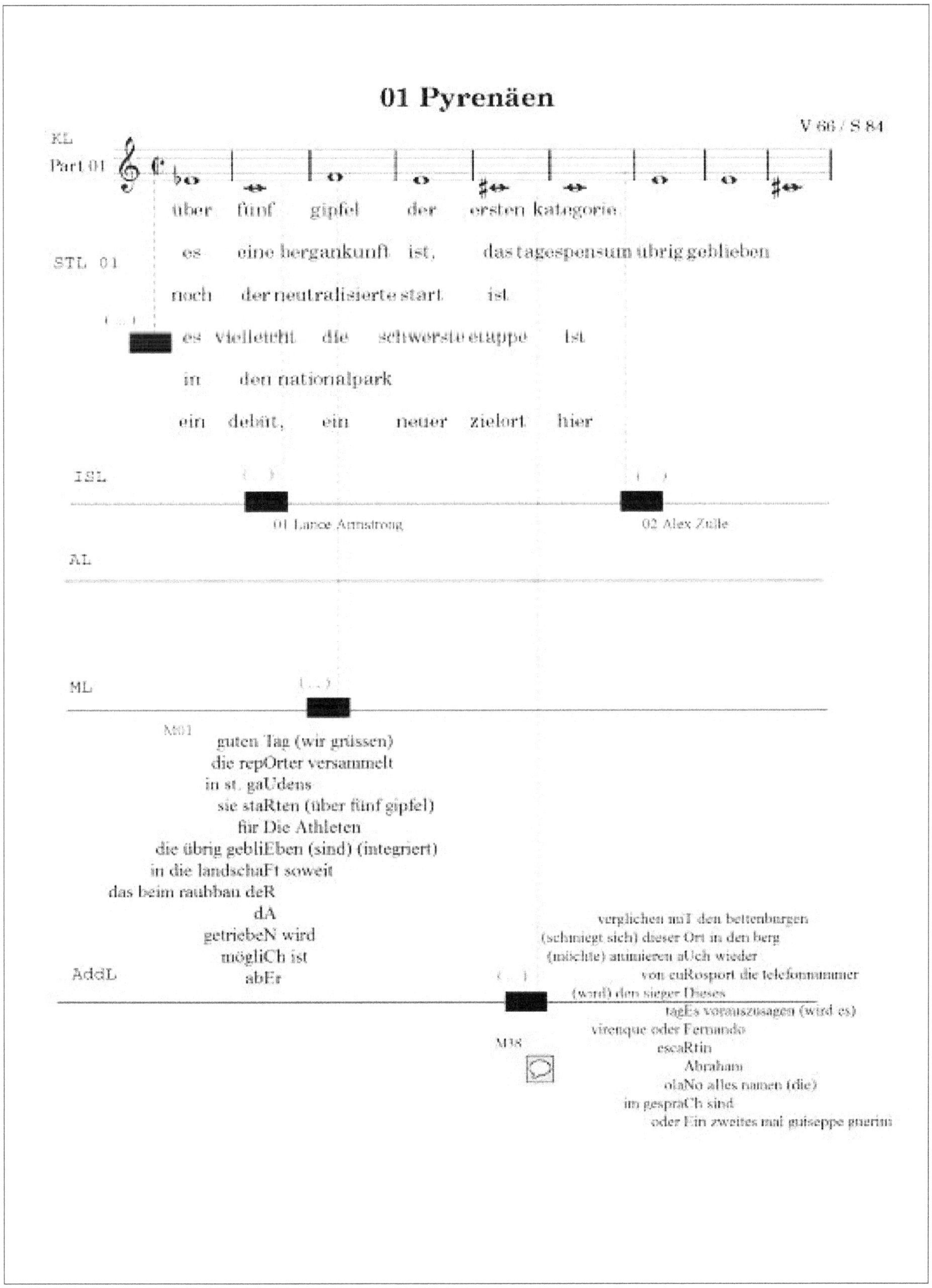

20131016

Fertig gestellt!: Die Partitur mit Teilen P01-P37 wird zu einem Gesamtdokument geformt.

Nächste Schritte sind:
- Sichtung der Partitur, ästhetische Anpassung, Optimierung / Inhaltliche, formale Korrektur
- Erste Soundtests des Gesamtarrangements
- Entwurf einer Abbildungsästhetik der Soundboard-Tastenbelegung bzw. Darstellung anstelle von "(...)"
- Verwendung der AL – Gastmusiker (Gitarrenimprovisation etc.) bzw. weitere, frei hinzufügbare Sounds.

Aktueller Stand der „Stimmen" in der Partitur:
Line: Namen / Definitionen:
KL – Keyboard Line
STL – Subtext Line
ISL – Image 2 Sound Line
AL – Alternative Line
ML – Mesosticha Line
AddL – Additional Line (Überhänge aus ML bzw. STL)

20131206

Nach einem Testlauf: Durchspiel der Partitur (V1)
Dauer: ca. 1:00h (mit Unterbrechung, also 45-55 Min. netto, je nach Dynamik)
Es müssen weitere techn. Untersuchungen folgen:
- Outro oder Trommelwirbel o.ä. nach P37 = Ende
- Intro? Interludi?
- Einarbeitung varianter Dynamiken (Muster?)
- Geschwindigkeiten (AutoAcc Drums)
- Sound-Voice-Veränderungen
- Akkordierung
- Ideen für AL (Alternative Line)

20131220

Die Alternative Line (AL) wird optionale Line für freie Improvisationen und weitere Sounds. Hier werden aber auch die optional einzuspielenden Sequenzen/Sounds der sog. Multipads des Keyboards – und zwar am Ende der Line, d.i. auch am Ende des Elements – notiert. Auswahl der Multipads:

PSR-420	Akkordanpassung			
Set	Pad1	Pad2	Pad3	Pad4
01 Fanfare	–	–	–	–
02 HiTechno	–	–	○	○
03 Arpeggio	–	–	○	○
04 GuitRiff	○	○	–	–
05 DrumFill	–	–	–	–
06 DrumFlam	–	–	–	–
07 Drum Kit	–	–	–	–
08 Class.Dr	–	–	–	–
09 Timbales	–	–	–	–
10 CongaSet	–	–	–	–
11 TrumpHit	○	○	○	○
12 Amazonas	–	–	–	–
13 Xeno-SFX	–	–	○	○
14 WildWest	–	–	○	○

(Screenshot: Yamaha-Bedienungsanleitung)

Techn. Aufruf der Pads:
FUNKTION (4x Pfeil nach unten) -> / = MULTIPAD (links) / -> Eingabe "01" bis "14"
Auswahl der Padsequenz (auch so einzugeben in Partitur):

PAD SET 01: 2 -> 4
(Bedeutet: Nach Einstellung des Pad Sets wird erst Pad 2 und dann Pad 4 abgespielt … Dann folgt das nächste Partitur-Element.)

PAD SET 01: 2 -> 4
PAD SET 02: 2 -> 1
PAD SET 03: 1 -> 4
PAD SET 04: 3 -> 4 // 4x
PAD SET 05: 3 -> 1
PAD SET 06: 1-3 impro -> 4
PAD SET 07: 1-3 impro -> 4
PAD SET 08: 2 xX-> 4
PAD SET 09: 3 rhythmisiert -> 4
PAD SET 10: 1-3 impro -> 4
PAD SET 11: freie impro
PAD SET 12: 1 -> 2 -> 3 -> 4
PAD SET 13: 1 (x2) -> 2 (x2) -> 4 (x2)
PAD SET 14: 2 -> 3 -> 1

Wie können die einzelnen Pad-Sets rechnerisch auf die Partitur verteilt werden? Es wird eine Quersumme aus den V/S-Werten der Keyboard-Line gebildet, also:
„01 Pyrenäen" ist zugeordnet „V66/S84". Die Quersumme daraus ist 6+6+8+4=24=6. Somit ist diesem Blatt das Pad-Set 6 zugeordnet. Bei zweistelligen Ergebnissen der Zahlen 10 bis 14 werden zunächst diese genommen und dann beim nächstmöglichen Auftauchen dieser

Summen, die entsprechend niederen, also 1-5. Dies wird alternierend durchgespielt, sodass eine maximale Pad-Set-Varianz entstehen kann …

Im folgenden die Zuordnung der Elemente -> Pad-Sets

01 - 06	11 - 01	21 - 10	31 - 11
02 - 03	12 - 11	22 - 05	32 - 09
03 - 07	13 - 14	23 - 09	33 - 09
04 - 10	14 - 02	24 - 04	34 - 12
05 - 12	15 - 05	25 - 02	35 - 10
06 - 03	16 - 14	26 - 10	36 - 03
07 - 04	17 - 12	27 - 04	37 - 07
08 - 03	18 - 03	28 - 13	
09 - 12	19 - 12	29 - 03	
10 - 03	20 - 13	30 - 05	

… so einzutragen in die Partitur (zu Version 4, in AL, codiert als PS06 = PAD SET 06), und neu zu proben.

20140110

FF: Ausdruck der "Notizen zu Recycling Le Tour de France". Anpassung, Kürzung / Ergänzung, Formatierung des Texts … Konzeption des Texts als 2. Teil von "Recycling Le Tour de France". Im Hinblick auf eine Publikation mit dieser Struktur:

Titel (gesamt):
„Recycling Le Tour de France"
Komposition für drei Soundboards, eine Yamaha PSR-420 und diverse, künstliche Stimmen
Partitur, Dokumentation, Materialien

Titelseite
Rückseite, leer
Zwischentitel
Impressum
Inhaltsverzeichnis
Rückseite, leer
Teil 1: Partitur
Teil 2: Notizen zu „Recycling Le Tour de France": Dokumentation & Materialien
BioBiblio

20140319

Ergänzungen, Feinheiten, Probesatz, (kleines) Korrektorat (des Probeandrucks) etc. Der Text kann nun in kleiner Auflage an Interessierte abgegeben werden.

Über den Autor

Hartmut Abendschein (*1969): Aufgewachsen in Schwäbisch Hall, Buchhändler in Stuttgart, Studium der Germanistik und Anglistik in Konstanz und Glasgow, wiss. Dokumentar in Köln, lebt und arbeitet in Bern. Betreiber eines literarischen Weblogs („taberna kritika - kleine formen") und Mitbegründer von „litblogs.net - literarische weblogs in deutscher sprache". Zuletzt erschienen: „Die Träume meiner Frau. Hybride Stoffe" (2007). „Bibliotheca Caelestis. Tiddlywikiroman" (2008). „The Chomskytree-Haiku (Rhizome(Rhizome))" (2011). „Dranmor" (2012). „Schellendiskursli / Schellenexkursli" (2013)

Mehr: http://www.abendschein.ch/

edition taberna kritika
Neuerscheinungen 2012-

Roland Reichen
Sundergrund
ISBN 978-3-905846-28-7

etkobject:
substanz
ISBN 978-3-905846-27-0

Jutta Pivecka
Punk Pygmalion
ISBN 978-3-905846-26-3

James Joyce
Giacomo Joyce
ISBN 978-3-905846-25-6

Hartmut Abendschein
Schellendiskursli / Schellenexkursli
ISBN 978-3-905846-24-9

Giuseppe Ungaretti
Süditalienische Reise
ISBN 978-3-905846-23-2

Elisabeth Wandeler-Deck
Ein Fonduekoch geworden sein
ISBN 978-3-905846-22-5

Li Mollet
sondern
ISBN 978-3-905846-20-1

Sudabeh Mohafez / Rittiner & Gomez
Das Eigenartige Haus
ISBN: 978-3-905846-19-5

Bücher können über den Buchhandel oder direkt beim Verlag bestellt werden. Ausführliche Informationen über unsere Neuerscheinungen und das Gesamt-programm finden Sie im Internet unter http://www.etkbooks.com

edition taberna kritika
Gutenbergstrasse 47
CH - 3011 Bern
Tel.: +41 (0) 33 534 9 308
info@etkbooks.com | http://www.etkbooks.com

www.ingramcontent.com/pod-product-compliance
Ingram Content Group UK Ltd.
Pitfield, Milton Keynes, MK11 3LW, UK
UKHW051809260826
14628UKWH00009B/3326

9 783905 846294